薪火相传

儒家文化传承的制度安排

武斌 著

内蒙古人民出版社

图书在版编目(CIP)数据

薪火相传：儒家文化传承的制度安排／武斌著． --呼和浩特：内蒙古人民出版社，2025.5
（走进中华优秀传统文化）
ISBN 978-7-204-17819-3

Ⅰ.①薪… Ⅱ.①武… Ⅲ.①儒家-传统文化-通俗读物 Ⅳ.①B222-49

中国国家版本馆 CIP 数据核字（2024）第 003144 号

走进中华优秀传统文化
薪火相传——儒家文化传承的制度安排

作　　者	武　斌
策划编辑	周承英　张桂梅
责任编辑	赵雅君
封面设计	琥珀视觉
出版发行	内蒙古人民出版社
地　　址	呼和浩特市新城区中山东路 8 号波士名人国际 B 座 5 楼
印　　刷	内蒙古爱信达教育印务有限责任公司
开　　本	710mm×1000mm　1/16
印　　张	14.25
字　　数	210 千
版　　次	2025 年 5 月第 1 版
印　　次	2025 年 5 月第 1 次印刷
书　　号	ISBN 978-7-204-17819-3
定　　价	95.00 元

图书营销部联系电话：(0471)3946278
如发现印装质量问题，请与我社联系。联系电话：(0471)3946120

CONTENTS **目 录**

前 言

第一篇 独尊的孔子

第一章 孔子创造的儒学 ………………………… 2
  一 孔子的诞生 ………………………………… 2
  二 孔子思想的渊源 …………………………… 5
  三 以复礼为己任 ……………………………… 10
  四 "仁"道原则 ……………………………… 13
  五 孔子后学与儒家的发展 …………………… 16

第二章 儒学的元典 ……………………………… 23
  一 孔子与元典 ………………………………… 23
  二 从"五经"到"十三经" ………………… 25
  三 《易经》 …………………………………… 27
  四 《尚书》 …………………………………… 31
  五 《诗经》 …………………………………… 35
  六 《礼记》 …………………………………… 38

七　《春秋》 …………………………………… 42
　　八　朱熹与"四书" …………………………… 47

第三章　"独尊儒术"的基本国策 ……………………… 57
　　一　定"儒术"于一尊 ………………………… 57
　　二　为什么"儒术"可以"独尊" …………… 60
　　三　董仲舒对儒学的再创造 ………………… 64
　　四　"独尊儒术"是一项系统工程 …………… 67

第四章　走上神坛：孔子的国家祭祀 ………………… 70
　　一　走上神坛的孔子 ………………………… 70
　　二　唐代的崇儒之风 ………………………… 74
　　三　孔庙与释奠礼 …………………………… 77
　　四　遍布各地的孔庙 ………………………… 82

第二篇　教育与科举

第五章　以儒学为核心的教育体制 …………………… 88
　　一　以儒学为核心的官学教育 ……………… 88
　　二　熹平石经与正始石经 …………………… 93
　　三　唐代官学教育的发展 …………………… 96
　　四　北宋的兴学运动 ………………………… 99
　　五　明清的官学教育 ………………………… 104

第六章 私学和学院：体制外的教育系统 …… 107
  一 私学的兴起 …… 107
  二 作为官学补充的私学 …… 110
  三 南北朝的门第教育 …… 115
  四 文人书院的兴盛 …… 117

第七章 科举制与儒家文化传承 …… 125
  一 科举制的萌芽 …… 125
  二 科举制的形成与完善 …… 126
  三 宋代科举制的完备化 …… 131
  四 科举制的世界影响 …… 136

第三篇 学术与传统

第八章 经学的形成与发展 …… 142
  一 解经注经与通经致用 …… 142
  二 今文经学与古文经学 …… 145
  三 经学变种谶纬神学 …… 148
  四 皇帝出面主持的学术会议 …… 151
  五 儒学复兴与儒玄兼修 …… 154
  六 十六国和北朝的儒学 …… 157
  七 三教论衡：对话与融合 …… 164
  八 唐代经学与《五经正义》 …… 168

第九章　理学：儒学的革新与发展 …… 172
一　理学对儒学的革新 …… 172
二　大儒辈出，圣学大昌 …… 173
三　朱子学：理学之集大成 …… 176
四　元代理学的发展 …… 180
五　明清理学的独尊 …… 183

第十章　大传统与小传统同构 …… 187
一　文明的"大传统"与"小传统" …… 187
二　传统伦理秩序的建构 …… 189
三　礼治天下 …… 192
四　何以为家 …… 196
五　家和万事兴 …… 200
六　孝行天下 …… 202
七　人之根：家族、祠堂与族谱 …… 207
八　家训 …… 209
九　蒙学 …… 213

前　言

一

孔子在中国文化史上的地位，可以说是前无古人，后无来者。钱穆先生说："孔子为中国历史上第一圣人。在孔子以前，中国历史文化当已有两千五百年以上之积累，而孔子集其大成。在孔子以后，中国历史文化又复有两千五百年以上之演进，而孔子开其新统。在此五千多年，中国历史进程之指示，中国文化理想之建立，具有最深影响最大贡献者，殆无人堪与孔子相比伦。"[1]

在中国的学术史上、文明史上，孔子具有独一无二的崇高地位。孔子创立了儒家的思想学说，并且在其后的两千多年中，孔子的弟子们以及历代思想家们，把儒家思想学说发展成为一个庞大的思想体系。它经过自身的发展和社会的选择，成为中国封建社会的统治思想，成为中国传统文化的核心，对中华民族文化的发展产生了决定性的影响。儒家思想以世界观、伦理精神和"道统"观念为基调，精辟地总结了中国人的生活方式，概括了中国传统文化的基本价值取向和精神内涵，成为这一文化系统无可替代的主体和代表。在两千多年的历史中，儒家始终道统不绝，占据中国思想文化舞台的中心，为历代王朝提供理论基础，并对中国文化教育事业的发展，对中华民族的民族心理性格形成，产生重大影响，成为中华民族传统文化精神的核心和象征。

---

[1]　钱穆：《孔子传》，九州出版社2011年版，第1页。

儒学本身并不是一个完全封闭的思想体系，它以自己的同化能力和开放性把中国文化中各种有价值的思想学说纳入自己的观念框架中，变成儒家学说的一部分。正像郭沫若所指出的，"秦以后的儒家是百家的总汇，在思想成分上不仅有儒有墨，有道有法，有阴阳，有刑名，而且还有外来的释。"历史上有所谓儒、道、释"三教合流"之说，实际上这种"合流"的本质是"道"与"释"汇合到"儒"的流中，是按照儒家的文化精神和观念框架剪裁和解释"道"与"释"，是以儒家思想为主体的"合流"。这就是说，儒家思想文化不仅仅是孔子及其继承者的文化创造，而且是整个中华民族思想文化发展的汇流，是中华民族集体的智慧。

儒家思想是在华夏民族文化积累和华夏社会心理基础上形成的。儒学的精神蕴涵体现了中国传统文化的内在规定，集中表达了中国传统社会的文化主题。中国历史上的社会文化生活和中国人的精神世界，都与孔子密不可分。史学家柳诒徵先生说："孔子者，中国文化之中心也，无孔子则无中国文化。自孔子以前数千年之文化，赖孔子而传；自孔子以后数千年之文化，赖孔子而开。"直到今天，孔子及其儒家思想仍然对我们的思想文化和日常生活有着很大的影响。只要我们讲到传统文化，甚至只要我们讲到"中华文化"，便离不开儒家和儒学，离不开对儒家思想的判断、评价。儒家思想作为中国传统文化的主体和代表的文化地位，是我们无法回避的一个历史存在。

二

孔子的儒家思想体现了中国人的世界观和价值观，成为中华文化的精神象征和核心内容，并且代代相传，体现了自身所具有的强大的生命力和创新能力。但另一方面，除了孔子儒家思想本身的精神力量之外，儒家思想的文化传承，也是历代中国人，包括上层的国家意志、知识分子的自觉建构，以及民间文化的渗透融合，成为一种具有中华文化特色的制度性安排。

早在战国时代，孔子思想的文化价值就已经被普遍接受。《礼记》说："凡始立学者，必释奠于先圣先师。"孔子逐渐被尊为"唯一"的夫子，地位凌驾于所有其他教师之上。到汉代武帝时期，董仲舒提出"罢黜百家、独尊儒术"，主张用儒家思想统一教育，教化民风。从此以后，独尊儒术成为国家的基本文化政策。

独尊儒术不仅仅是一个口号，而且是一个系统的文化工程。汉武帝大力提倡儒学，使察举贤良文学制度化，为之以官爵，奉之以利禄，询之以议论；设立"五经博士"，同时罢废其他诸子博士；设立太学，以儒家经典教育生员，"以养天下之士"。这些措施对于树立儒学的独尊地位都具有重要意义。独尊儒术不仅需要理论上的创造，更需要将学术与现实政治联系起来，使之意识形态化、制度化，只有这样，儒家经学才能真正成为官学，成为时代精神的代表。汉武帝实行了一系列神化皇权的措施，如行封禅之礼、太初改制、建立年号等，还将儒家的理论渗透到政治、法律、文化等各个领域，使之成为制定各项政策的理论根据。经过朝廷的提倡，儒学成为官学，不仅体现在学术上的独尊地位上，更重要的是它成为现实政治的指导思想，渗透到当时的礼乐制度建设之中，特别是博士制度和太学的建立，更使儒家经学垄断了教育和官僚选任的途径，牢牢巩固了儒家经学独尊的社会政治基础。一方面，儒家经学由于官学的地位而得到广泛的传承发展，形成系统的知识体系和专门的学者队伍；另一方面，儒家经学的实质精神开始进入社会政治生活的方方面面，在皇族教养、官员选任、礼法建设上都发挥着指导作用。

汉武帝时代制定"罢黜百家，独尊儒术"的文教政策，是中国历史和文化史上划时代的历史事件。自此，儒家思想一跃上升到学术思想文化的主流地位，成为社会的统治思想，形成了以儒家思想为主导的汉文化。这一政策几乎为以后各代统治者所遵奉。孔子从一个民间私学的教师，开始逐步走上神坛，成为崇拜和祭祀的对象。历代王朝几乎都自觉地把儒家学说作为一种官方文化，不断通过对孔子本人及其门徒、传人和后裔加封等形式化的手段来强化儒学的文化地位，把"尊孔读经"作为主要的教育内容来强化儒家思想的传播。

汉武帝时期的"罢黜百家，独尊儒术"，是"儒家思想引导中华民族文化走向"的开端[1]。自此以后，儒家思想凭借封建国家机器的权威力量，而被广泛融化渗透到社会生活的各个层次、各个方面，从而成为社会各阶层普遍的心理认同，主宰或影响着一般人的思维模式和行为方式。从某种意义上说，它规范并决定了秦汉时代整个文化发展的主导特征与价值体系。而在儒家统领文化的格局确立后，哲学、史学、文学、教育、科学技术以至社会风俗等各个文化领域都越来越多地体现出儒家思想的影响。

三

儒家思想文化的传承，有一系列的制度性安排，是一个宏大的系统工程。

自从确立了"独尊儒术"的文化政策以后，儒家思想就成为中国学术文化的主流。汉朝统治者"法定"的典籍"六经"，被赋予神圣不可改变的性质，奉为指导一切的常法。因此，"六经"不仅是官方颁布的教科书，更主要的是已经成为官方意识形态的体现者，即由皇帝钦定的国家与社会的指导思想，是控制社会、维系统治的重要工具和行为规范准则[2]。儒家学派讲究道统传承，传承"先王之道、圣贤之道"，此后一代一代的儒家学者沿着这条道路继续阐释和发挥。近代以来，有人批评古代学者都是"解经注经"，没有学

---

[1] 郑师渠总主编，许殿才主编：《中国文化通史》秦汉卷，北京师范大学出版社2017年版，第33页。

[2] 龚书铎总主编，黄朴民等著：《中国文化发展史》秦汉卷，山东教育出版社2013年版，第48页。

术创新。这是片面的看法，实际上这正彰显了孔子儒学的崇高地位，是中国古代学术思想的源泉和出发点。正像有的西方学者说的，几千年西方学术的发展，都是对柏拉图著作的注脚，基督教神学的发展都是对奥古斯丁著作的注脚。因为柏拉图和奥古斯丁正是西方哲学和基督教神学的源泉和出发点。

不过，在两千多年的历史中，"解经注经"也是一个不断创新发展的过程。汉代有古文经学与今文经学之争，实际上是对如何解释儒学的讨论。到了宋代，又有了理学。在元明时期，理学又有新的发展和新的表述。而在这个过程中，一方面，孔子儒家思想的正统地位进一步加强和巩固；另一方面，儒家学说不断增添了新的内容。这种变化，既反映了时代的变化，也反映了人们认识水平和思辨能力的提高。经过不断的创新和改造，儒家思想才得以延续发展，发扬光大。

一代一代的儒家学者都对儒家思想的发展创新作出了自己的贡献。正是因为不断地讨论、争辩，突破旧的思维模式，实现思想观念上的创新，才使得儒家思想生生不息，保持着强大的生命力。

汉代时已经形成了中国古代社会比较完整的教育体系。中国历史上发展起来的教育体制是十分完备的，即使是在战争离乱时期，战后最先恢复的就是各级教育。而且，在一些由边疆民族建立的政权，比如北方少数民族内迁时期建立的少数民族政权，比如元朝、清朝，都把建立和完善教育制度放在重要地位。中国历代的教育，体制完备，层级完善，代代相传，成为中华传统文化传承的主要载体。而自武帝时期提倡"独尊儒术"以后，一直到清代末期的两千多年来，无论是官学还是私学，无论是书院还是乡学，都把儒家经典作为主要的课程，作为选官制度的科举制也是把儒学作为主要的考试科目。这是儒家思想得以传承的一项非常重要的制度性安排。儒学的"独尊"，首先是在教育领域获得了独尊的地位。

作为官方的制度性安排，儒家文化的世代传承，除了历代教育都是以儒家经典为核心内容外，还有一项也特别重要，就是选官任官制度。在隋唐以后发展起来并实行了上千年的科举制，主要以儒家经典为内容，"须通经义，遵周孔之礼"，使得儒家文化的传承获得了强大的社会心理动力。尤其是明清以后，科举考试以"四书""五经"为出题范围，尤其重视"四书"，以程朱理学为答卷标准。科举制成了一种"指挥棒"，指引千百文人走上学习儒学、争取"学而优则仕"的道路。

中华传统文化中"大传统"和"小传统"具有同构性的特点。在作为"大传统"的儒家文化塑造着我们民族文化精神的同时，作为"小传统"的民俗文化也同样发挥着传承文化的重要作用。传统文化的传承，不仅体现在教育层面和精神文化层面，还体现在我们的日常生活之中，如日常的风俗、礼俗。它们和主流文化精神一起构筑了我们的生活环境、生活空间，也一起延续着中华传统文化的精神内核和生命力。

经过数千年系统的制度性安排，孔子创立的儒家思想，经代代相传，已成为中华文化的核心精神，构造了我们的生活世界和文化世界，塑造了中华民族的精神面貌。直到今天，仍然在我们的思想文化领域和民族精神的建构中发挥着重要的作用。

第一篇 独尊的孔子

第一章 孔子创造的儒学

一 孔子的诞生

孔子（前551—前479年）的名字叫"丘"，字"仲尼"。在古代，人们对于有学问的人尊称为"子"，就是"先生""老师"的意思。孔子就是"孔先生""孔老师"。因为孔子在中国具有很高的地位，是"圣人"，是"至圣先师"，是历代中国人的老师，所以，大家就都称呼他"孔子"，"孔丘"这个名字反而不常被提起了。

孔子是春秋时鲁国人。在当时争霸的诸侯国中，鲁国并不是一个大国，但鲁国是周公的封国。到春秋时期，仍然保存着王室赐予的典籍简册、各种礼器以及史官的设置。在当时的各诸侯国中，鲁国是保存周朝礼仪文化传统最完整、最丰富的诸侯国，有所谓"周礼尽在鲁"之说。各诸侯国都认为鲁长期保存周礼，是"有道之国"，所以天下诸侯想学习礼乐制度都仰仗于鲁国。正因为如此，钱穆先生说："孔子居文献之邦，故得大成其学。"[1]就是说，孔子的学问与鲁国丰厚的文化传统有直接关系。

孔子是一个非常热爱学习也善于学习的人。他自己说："吾十有五而志于学。"学而不倦，对陶铸完美人格的渴望，以及积极在此世实践自我，正是这三项特质造就了孔子的卓尔不群。

因为孔子努力求学，又懂得周礼，所以鲁昭公曾派他到周王室史官老子

---

[1] 钱穆：《国史大纲》上册，商务印书馆1994年版，第97页。

第一篇　独尊的孔子

孔子燕居图

那里去学礼。这一年是鲁昭公二十四年（前518年），孔子34岁。后来，鲁定公九年（前501年），51岁的孔子又南至老子故里向老子问学，可见孔子对老子十分敬重。老子是那个时代最有学问的人，孔子几次拜见老子，向其问学求教，态度是十分诚恳的，一定学到了很多东西，对其学问的增长必定大有裨益。孔子是当时社会上最博学的人之一，在世时就被尊奉为"天纵之圣""天之木铎"。

孔子不仅仅是一个读书人，他还十分热心于政治事务，一直想取得接近高层的职位。用现在的话说，他是有天下情怀、积极入世的知识分子。他对天下大事非常关注，经常对治理国家的诸种问题进行思考，也常发表一些见解。

鲁定公九年（前501年），孔子被任为中都（今山东汶上县）这个地方的宰，一年以后当上了司空。鲁定公十年（前500年），孔子随鲁定公跟齐景公相会，因为孔子的努力，齐国归还了之前占领的鲁国汶阳等地方，取得了外交上的胜利。鲁定公十四年（前496年），孔子任大司寇，摄行相事。据司马迁《史记·孔子世家》的说法，孔子治国理政相当成功，3个月内便在犯罪猖獗已久、人们习惯于欺诈纷争的世界里建立起了国内秩序，创造了社会和谐。经过这一番改革，鲁国国力大增，引起邻国齐国警惕。齐国有个叫黎锄的大夫出了一个计谋，向鲁国赠送80名美貌的舞女。季桓子与鲁定公君臣整日迷恋美女歌舞，自此荒疏了朝政。

孔子心灰意冷，最终离开鲁国，从此开始了14年颠沛流离于异国他乡的旅程。

离开鲁国之后，孔子就开始了他周游列国的漫漫旅程。这14年的颠沛流离，是孔子生命中最重要的一章，也是孔子思想发展史上最重要的一个时段。

孔子担任司寇时，就开始教学招徒，身边已经有了一群追随者，其中包括子贡、颜回与子路。众多弟子跟随着孔子走遍各国去学习。这14年时间里，

第一篇 独尊的孔子

这些学生一直跟随在他身边，而这期间最有价值的成就，就是孔子与这些学生的对谈。孔子喜欢与年轻人对谈，他认为年轻人机敏、有勇气，而且相较于自己的同龄人，年轻人能以开放的心态看待一切。在这趟旅途中，与孔子同行的人绝大多数都比他年轻30岁左右。

鲁哀公十一年（前484年），已经68岁的孔子回到家乡鲁国。孔子回到鲁国后，继续致力于教育及古文献整理工作，相传他整理《诗经》《尚书》等文献，并把鲁史官所记《春秋》加以删修，成为中国第一部编年体的历史著作。

二 孔子思想的渊源

孔子极为敬仰和推崇周公。他说时常梦见周公，到了生命的最后时刻，还伤感地说，已经有很长时间没有梦见周公了。

孔子这样提到周公，实际上也就是在说自己的思想渊源，说的是他的学术和文化理想，就是要继续周公的事业。

孔子的儒学是在深厚的历史文化基础上发展起来的。正如冯友兰先生所说，孔子及其学派"对古代文明重新诠释，取古代文明的精华，创立了一个文明传统，一直延续到晚近的时代。"[1] 儒家学者非常强调儒家道统的传承关系。在《中庸》之中就曾说：

> 仲尼祖述尧舜，宪章文武，上律天时，下袭水土。譬如天地之无不持载，无不覆帱。譬如四时之错行，如日月之代明。万物并育而不相害，道并行而不相悖。小德川流，大德敦化。此天地之所以为大也。

---

[1] 冯友兰：《中国哲学简史》，生活·读书·新知三联书店2009年版，第54页。

5

这一段论述强调的是，孔子儒学思想的来源是中国最古老的先祖尧舜和周朝的文武先王，是中华传统文化最正宗的传人。孔子思想继承光大了尧舜文武之道，具有包容天地博大而和谐的境界，是中华传统文化的根本传统。孔子及儒家的学术确实源远流长。"孔子及其弟子所推崇的圣王，有尧、舜、禹、汤、文、武等人，而贤臣圣者则有皋陶、周公等人，'信而好古'的孔子在学术上所取用者并不限于周代文化，而是可以追溯到尧舜时代到古代文化。"[1] 钱穆指出："孔子思想实综合以往政治、历史、宗教各方面而成，实切合于将来中国抟成一和平的大一统的国家，以绵延其悠久的文化之国民性。孔子思想亦即从此种国民性中所涵育蕴隆而出也。"[2]

孔子身上承载了上古三代的历史文化，凝结着孔子以前中国先人的智慧，更奠定了中国文化的基本精神，对后世影响深远。

唐代韩愈进一步明确提出儒学的"道统"概念，他在《原道》中说：

> 斯吾所谓道也，非向所谓老与佛之道也。尧以是传之舜，舜以是传之禹，禹以是传之汤，汤以是传之文、武、周公，文、武、周公传之孔子，孔子传之孟轲。轲之死，不得其传焉。荀与扬也，择焉而不精，语焉而不详。

儒家之道是由尧舜，经禹汤、文武周公这些先王传给孔子孟轲的，故而又称先王之道、圣贤之道。

不过，孔子直接继承的思想渊源则是周公。周王朝建立之初，面临着严重的困难。周公摄政七年，殚精竭虑，励精图治，为新生王朝的建设和巩固付出了全部心血。周公在国家危难的时候，不畏艰辛挺身而出，担当起王的

---

[1] 张立文主编，陆玉林著：《中国学术通史》先秦卷，人民出版社2004年版，第77页。

[2] 钱穆：《国史大纲》上册，商务印书馆1994年版，第99页。

曲阜周公庙

重任；当国家转危为安，走上顺利发展的时候，毅然让出了王位。这种无畏无私的精神，始终被后代称颂。他的所作所为，对西周一代乃至整个中国古代社会都产生了很大影响。自春秋以来，周公被历代统治者和学者视为圣人。汉初贾谊评价周公说："文王有大德而功未就，武王有大功而治未成，周公集大德大功大治于一身。孔子之前，黄帝之后，于中国有大关系者，周公一人而已。"钱穆先生说，周公的"伟大人格不下于孔子，后来中国人的思想性格都受他的影响"。[1] 历史学家徐旭生指出：周公是"一位雄才大略、道德与能力两个方面都可以算作我们中华民族的最高代表。"周公"目光相当远大，治理方法也相当高明，我国勤劳与勇敢的人民遂得到相当适宜的环境以创造灿烂的文化，所以周王室存在的八九百年实为我国伟大文化含苞、开

---

[1] 钱穆：《黄帝》，生活·读书·新知三联书店2004年版，第128页。

花和结实的时期。"[1]

周代是文化创制比较全面的时代。我们现在说的中华传统文化，中华传统文化的传承和发展，都是在周代文化的基础上展开的。周代文化确定了中华传统文化的发展方向，使在原始农业文明中孕育的文化基因和文化种子成长为一个比较完备的文化体系，成为一棵枝繁叶茂的文化之树。王国维在《殷周制度论》中就曾明确地说过："中国政治与文化之变革，莫剧于殷、周之际。""殷周间之大变革，自其表言之，不过一姓一家之兴亡与都邑之转移；自其里言之，则旧制度废而新制度兴，旧文化废而新文化兴。"王国维认为，周代基本确定了中国文化性格的走向。李济也说："周人是著名的革命派：他们在保存殷代留下的大量美好和有用的东西的同时，对于殷代社会、宗教和政治活动等各方面都作了许多变更和改进。"[2]

西周对于中国传统文化的形成和奠基作出了重要贡献，其中最重要的是构建各项制度雏形，很多制度成为以后数千年中国古代社会制度建设的基础和出发点。周公最重要的贡献是"制礼作乐"，制定了周朝的基本制度。这套新的政治制度，就是所谓"周礼"。

周公所制定的礼乐制度是一个处理等级社会人际关系的新伦理规范体系，其宗旨就是"别贵贱，序尊卑"，社会上每个人在贵贱、长幼、贫富等当中都有合适的等级地位。后人所著《礼论》中曾谈到礼的起源和社会作用："礼者……贵贱有等，长幼有差，贫富轻重，皆有称者也。"《礼记·曲礼》说："夫礼者，所以定亲疏，决嫌疑，别同异，明是非也。"礼的主要内容包括两个方面，一是"亲亲"，二是"尊尊"。所谓"亲亲"，意指要亲其所亲，"尊尊"就是尊其所尊。前者反映了当时的血缘关系，后者则是对当时政治关系的一种规定。

---

[1] 徐旭生：《中国古史的传说时代》，广西师范大学出版社2003年版，第11页。
[2] 李济：《中国文明的开始》，江苏教育出版社2005年版，第62页。

第一篇 独尊的孔子

周礼是等级社会的政治准则、道德规范和各项制度的总称。"周代的礼制是周代制度文化、行为文化和观念文化的集中体现,它既是典章制度的总汇,又是政治生活、经济生活、社会生活、家庭生活中各种行为规范的准则,同时又反映周人'尊天敬德'的思想倾向。"[1]因此,"西周时期逐步建立起来的礼乐制度,既是一种文化礼仪体系,又是一种政治制度。作为一种文化礼仪体系,以政治制度为支撑,而作为一种政治制度,又以文化礼仪体系来维系,两者相辅相成。"[2]礼是周人为政的精髓,是周天子治天下的精义大法。

"礼"是社会文明和进步的标志。中国被称为礼仪之邦,"礼仪文化"是中华传统文化的核心内容之一。

"乐"是配合各贵族进行礼仪活动而制作的舞乐。乐与礼制仪式相适应,固定为常式与风格。对音乐在礼仪中的应用按不同等级作出了严格规定,违反规定便是"僭越"或者"非礼"。这些与礼仪结合的音乐,被称为雅乐,其基本风格是庄严肃穆。

礼从外部给人提供一种社会规范,而乐使人从情感内发,从而趋向这种规范,故"知乐则几于礼",因此"礼乐"历来并称。《礼记·乐记》说:"乐者,天地之和也。礼者,天地之序也。"有了"礼"的规范,政的划一,刑的强制,配之以"乐"的感染,便能统一民心,成就"治道",这正是周代"制礼作乐"的深远用意。

周文化是一种"尊礼文化"。周公"制礼作乐",为周人的"王业"奠定了基础。周公的"制礼作乐",对于中华文明的贡献是巨大的,基本上奠定了中华文明的道德主义传统和社会文化规范。

周公还正式确立了周王朝的嫡长子继承制,这些制度的最大特色是以宗

---

[1] 冯天瑜:《中华元典精神》,上海人民出版社1994年版,第118页。
[2] 张立文主编,陆玉林著:《中国学术通史》先秦卷,人民出版社2004年版,第39页。

法血缘为纽带，把家族和国家融合在一起，把政治和伦理融合在一起，这一制度的形成对中国封建社会产生了极大的影响，为周王朝800年的统治奠定了基础。

西周时代的礼乐制度对于后世的文化发展有着重大的影响。孔子赞扬西周的"尊礼文化"，说："周监于二代，郁郁乎文哉！吾从周。"历史学家吴小如指出："周代礼仪制度奠定了中国古代礼仪制度的基础，此后各个朝代虽然都把制定礼仪作为立国之本，但基本没有超出周礼的框架，只是在一些具体制度上有所演变。因此，我们只要理解了周礼，就可理解中国古代礼仪制度的基本构成。研究周代礼仪，主要依据儒家学者整理成书的礼学专著'三礼'——《周礼》《仪礼》《礼记》。在汉以后的两千多年中，'三礼'一直是各朝制定礼仪制度依据的经典著作，因此被列入'十三经'，成为儒家的重要经典。"吴小如还说，"礼"在中国古代政治社会生活中占有举足轻重的地位。"如果从礼仪制度与风俗的悠久历史、丰富内涵和广泛影响考察，我们完全可以把中华文化看作是礼文化。"[1]

吴小如还指出："周公'制礼作乐'，其模式化、规范化的政治制度、礼仪制度、宗法家族制度……成为中国整个封建社会的范本。"[2]

三 以复礼为己任

周公被尊为儒学奠基人，是孔子最崇敬的古圣之一。这就是说，周公制礼作乐和政治主张，是孔子及其儒学所致力发扬的。孔子以恢复周公的事业为毕生的梦想。孔子和之后历代儒家学者的思想理论都是从周公的基础上出发的。我们只有从孔子思想渊源上来看孔子的思想学说，才能更深刻地理解

---

[1] 吴小如主编：《中国文化史纲要》，北京大学出版社2001年版，第30—31页。
[2] 吴小如主编：《中国文化史纲要》，北京大学出版社2001年版，第5页。

第一篇 独尊的孔子

孔子思想学说的核心意义，也才能更深刻地理解孔子及其儒学思想在中华传统文化中所占有的重要地位。

"礼"是周朝政治社会制度的核心。周文化是一种"尊礼文化"。进入春秋以后，"礼崩乐坏"，周朝的统治基础遭到极大破坏。西周社会后期，开始出现了许多变化。王室日渐衰落，而一部分诸侯士大夫的势力则开始膨胀，社会矛盾也在逐步加剧，周天子的天下共主地位受到严重挑战。据说到夷王时，王室更加

孔子像刻石

衰落，以前高高在上的周天子也不得不屈尊"下堂而见诸侯"。社会各个方面的矛盾层出不穷，西周前期许多行之有效的制度遭到破坏。王室统治式微，王室与诸侯的矛盾加剧，"诸侯不朝"的记载不绝于书。王室内外大大小小的贵族已开始分化，其中有人集中了越来越多的财富、土地和奴隶，有些贵族则逐渐失去了其原有财富而败落下去。"平王东迁"后，周王室的经济、政治实力一落千丈，周天子的地位和权威急剧衰落，虽然还保留着"天下共

主"的名义，但远不能像以前那样号令天下，"礼乐征伐自天子出"变为"礼乐征伐自诸侯出"，诸侯国内的篡权政变和各国之间的兼并战争不断发生，与此同时边境族群趁机入侵，华夏文明面临空前的危机。

孔子对此痛心疾首。他认为当时"礼乐征伐"由诸侯控制，就是"天下无道"的社会。孔子对诸侯大夫、家臣僭越礼制的活动持坚决反对的态度。比如，《论语·八佾》记载，鲁三家在祭祀宗庙之后，不应该唱《诗经·周颂》中一篇叫作《雍》的诗。因为它只有天子祭祀宗庙后，在撤去祭品时才能唱。孔子对季氏"八佾舞于庭"十分反对，因为这是天子所用的礼。而季氏是大夫，当然不能用。所以孔子说，连这都可以容忍，那么还有什么不可以容忍的呢？《论语·公冶长》还记载，孔子反对鲁大夫臧文仲把一种叫蔡的大乌龟放在雕梁画栋的房屋里。因为这是天子所用的礼，所以孔子批评臧文仲：这样做算什么"明智"呢？

孔子认为，"为政先礼，礼其政之本与！""安上治民，莫善于礼"。乐教可以使人"广博易良"，礼教可以使人"恭俭庄敬"。如果人人遵守贵贱、尊卑、长幼、亲疏有别的社会秩序，家国便可长治久安了。反之，社会秩序违反了礼仪，不合规矩，国家就可能动荡不安。所以，孔子十分重视礼，认为"恭而无礼则劳，慎而无礼则葸，勇而无礼则乱，直而无礼则绞。"强调"不学礼，无以立"。不学礼，便没有立足社会的依据。因此，必须"立于礼"。

《礼记·哀公问》记载："哀公问于孔子曰：'夫礼何如？君子之言礼，何其尊也？'……孔子曰：'丘闻之：民之所由生，礼为大，非礼无以节事天地之神也，非礼无以辨君臣、上下、长幼之位也，非礼无以别男女、父子、兄弟之亲也，昏姻疏数之交也。君子以此为尊敬然。'"君子之所以尊礼，是因为礼太重要了，礼是供给鬼神，区分等级差别，确定婚姻亲疏的根本。"礼达而分定"。礼通过划分人们的尊卑来确立人们的地位。

孔子还提出了"正名"的主张。《论语·子路》记载，孔子在卫时，子

路问他:"如果卫君用你管理国家,你打算首先做什么事呢?"孔子回答说:"必也正名乎!"所谓"正名",就是用周礼的等级名分,把被破坏了的"名""实"关系匡正过来,即建立所谓"君君、臣臣、父父、子子"的社会秩序,就能"名正言顺",天下太平了。

四 "仁"道原则

面对着纷争的乱世,孔子致力于恢复周公的礼乐制度,恢复周王朝的社会政治秩序,以实现天下太平。而他的思想的核心是关于"仁"的学说。实现他的社会政治和文化理想就要践行"仁"。儒家主张的"仁"是什么?胡适说:"仁就是理想的人道,做一个人须要能尽人道,尽人道即是仁。"按照当代哲学家张岱年的解释,"己欲立而立人,己欲达而达人"是"仁"的中心意思。它包含四个方面的涵义:(1)"仁"是一方自强不息,一方

《孔子讲学图》

助人有成，是人己兼顾的；（2）"仁"包含着对别人的尊重；（3）"仁"是由己及人，仍以自己为起点的；（4）"仁"固然包含情感上的爱及物质上的扶助，但更注意道德上的励导，"仁"不仅注意别人生活的维持，更注意别人道德的提高。仁者对于别人的爱助，目的在于使其成为有德行有成就的人[1]。

"仁者，人也。""仁"是人之所以为人的本质属性。这样，人的行为与人生态度都必须遵循"仁"道的原则。而"仁"道的基本内容就是"亲亲"，就是对人生、对生命的热爱。如《中庸》所说："仁者，人也，亲亲为大；义者，宜也，尊贤为大；亲亲之杀，尊贤之等，礼所生也。""亲亲"，就是父慈子孝，兄友弟恭，亲爱自己的亲人。同时，还应由"亲亲"而"仁民"，即将人生相亲相爱的孝悌之情，推及他人、社会，甚至宇宙。由"亲亲"，即由亲子顺亲的血缘情感出发，最终实现人与人的相亲相爱。

孔子的弟子问孔子："仁是什么？"孔子回答"仁"就是要爱人。作为君子时刻要有一颗仁爱之心，要有一颗爱人之心。君子以仁爱之心爱人，以仁爱之心爱人的君子长久地受到爱戴。君子因为学习了仁义之道，所以能够爱人；君子的爱没有差等，不论所爱对象的贫富贵贱，内心中已没有自我和他人的区别。爱与被爱是相互的，是互动的。君子通过仁爱赢得众人的爱戴。

孔子把"仁"看作人本性的最高表现，是人美德的最高概括。他以把自己培养成为仁人君子作为人生最有价值和意义的事，并认为只有这种修身行仁的人，才能体味人生的乐趣。孔子提倡志士仁人"无求生以害仁，有杀身以成仁"，并把"天下为公"的"大同"世界看作彻底实现了"仁"的美好社会的最高理想。孔子把政治、经济等社会关系归结为君臣、父子等的伦常关系，以人伦作为人的本质，把人的伦理道德视作解决社会一切问题的关键。因而他提出了以"仁"为首的一系列的道德规范，认为"仁"不仅是处理人

---

[1] 张岱年：《中国哲学大纲》，中国社会科学出版社1982年版，第256—261页。

第一篇 独尊的孔子

与人关系的道德准则,而且是个人安身立命的根本。他还提出了"为仁由己""笃实躬行"的道德修养方法,论述了"仁者爱人"的道德原则和"忠恕"之道的道德素养,论述了孝、悌、智、勇、恭、惠、信、敏等德目,创立了我国历史上第一个完整的伦理学说。

孔子说:"己所不欲,勿施于人。"这句话被认为是人类应该共同遵守的"黄金规则"。

孔子思想以立身为出发点,而人能立身于世的首要条件就是具有"君子"人格。君子具备仁爱之心,自重自律;表里如一,言行一致;积极进取,德才兼备;孜孜于学,注重实践;安贫乐道,谨守正义等美好品德。始终坚守人与人之间的相处之道,遵从不同的伦理关系,构建着和谐友爱的人际关系,营造着良好的社会环境。

孔子重视知识学问,强调学习、思考和实践。虽然孔子称赞过"生而知之者上也",但却从未肯定任何人是"生而知之者",反之,他更关注"学而知之",把学习看作获得知识的途径。他说自己的知识并不是生来就有的,而是勤奋好学得来的:"吾非生而知之者,好古敏以求者也。"他除了重视学习书本知识外,还重视闻、见、行在认识中的作用,主张在现实生活中,要向多方面学习。他重视理性思考的作用,提倡学思并重,学与思必须结合起来:"学而不思则罔,思而不学则殆。"孔子重视学习,同时强调学的目的在于应用。例如他让学生"诵诗三百"的目的,是能够将来"使于四方",用学到的知识来应对政事,否则,"虽多,亦奚以为!"

孔子梦寐以求达到"立德、立功、立言"的人生"三不朽"的境界,提倡学以致用,由此开创了儒学的经世传统。

五 孔子后学与儒家的发展

孔子开私人讲学之风，教授弟子。据说："以诗书礼乐教，弟子盖三千焉，身通六艺者七十有二人。"在当时和后世都有巨大的影响。司马迁说："诗有之：'高山仰止，景行行止。'虽不能至，然心向往之。"司马迁还说："天下君王，至于贤人，众矣，当时则荣，没则已焉。孔子布衣，传十余世，学者宗之。自天子王侯，中国言六艺者，折中于夫子，可谓至圣矣！"（《史记·孔子世家》）

"孔子布衣，传十余世"，"可谓至圣"。孔子的思想世代相传，不断地发扬光大。

孔子去世后，其弟子及再传弟子把孔子及其弟子的言行语录和思想记录

山东邹县亚圣庙

第一篇 独尊的孔子

下来，整理编成《论语》。《论语》所包含的思想内容极为丰富。除了集中表现孔子的仁政理想之外，还对人的品德修养，生活志趣，人际交往等都作了精辟论述，其中不少成为后世的格言。孔子是《论语》描述的中心，《文心雕龙·征圣》说"夫子风采，溢于格言"。书中不仅有关于孔子的仪态举止的静态描写，而且有关于他的个性气质的传神刻画。《论语》被奉为儒家经典，《论语》就是中国人的《圣经》。不研究《论语》，就不能真正把握中国几千年的传统文化，也不能深刻理解古代中国人的心境。

孔子的学派称为"儒家"。在孔子之前，"儒"的名称早已有之。儒是用《诗》《书》《易》《礼》《乐》《春秋》（即"六艺"）来教育贵族子弟的王官。春秋时代，"官学"变而为私学，人们把从事教育的先生也称为儒。《庄子·田子方》说"鲁多儒士"，又说鲁"举国而儒服"，说明鲁国儒士之多。冯友兰先生曾经指出，"儒家"与"儒"并不是一个意思。"儒"指的是以教书、襄礼等为职业之一种人，儒"家"指先秦诸子中的一个学派。儒为儒家所自出，儒家之人或亦仍操儒之职业，但两者并不是一回事。孔子不是"儒"的创始者，而是"儒家"的创始者。

孔子死后，及至战国，儒家分为八派。据韩非说，他们是子张、子思、颜氏、孟氏、漆雕氏、仲良氏、孙氏、乐正氏为首的八派。他们对孔子创建的儒家学说各自从不同角度、不同方面作了继承和发展。冯友兰说，儒家学派的"队伍主要是由学者和思想家所组成。他们讲授古代的经书，因此是古代文化的传承者"。[1] 其中重要的是"孟氏之儒"和"孙氏之儒"，代表人物分别是孟子和荀子。孟荀是儒家中两位齐名的大师。他们同是孔子的崇拜者；同以周制的拥护者自命；同鼓吹省刑罚、薄税敛和息战争的"王政"。但这些共同点并不能掩盖他们之间若干根本的差异。孟子的性格是豪放、粗犷的，荀子却是谨饬、细密的。这种差别从他们的文章也可以看得出，在他们的学

---

[1] 冯友兰：《中国哲学简史》，生活·读书·新知三联书店2009年版，第35页。

17

薪火相传——儒家文化传承的制度安排

说上更为显著。

孟子承袭曾参、子思一支，侧重发展孔子的仁爱学说，主张效法先王，实行仁政和王道，大胆倡言"民贵君轻"。孟子仁政学说的理论依据是其"性善论"，主张通过"不动心"和"寡欲"，培养充塞天地之间的"浩然之气"，恢复并扩充人原本的善性。荀子承袭仲弓一支，侧重发展孔子的礼学，但融会了法治的内容，力主"法后王"，通过礼与法规范社会，达成天下一统。荀子礼治主张的理论依据是其"性恶论"，认为人的天性就是恶的，所以必须有贤师和法律来纠正错误，必须用礼仪来加以教导，使性恶转化为性善。荀子出于儒家，但又批判地综合了法家、黄老等各家学说，成为先秦思想的集大成者，深刻地影响了秦汉文化。冯友兰说："在儒家思想中，孟子代表了其中理想主义的一派，稍后的荀子则是儒家的现实主义一派。"[1]

子思（前492—前431年）是孔子的孙子，曾子的弟子，也有人说子思出于子游氏之儒。《中庸》是子思思想的代表作。司马迁说，孟子"受业子思之门人"，是子思的再传弟子，乐正子是孟子的弟子。子思、孟氏与乐正子三家儒者即"思孟学派"。这一学派在中国思想史上有着相当重要的地位。

孟子是战国时影响最大的儒家。他对孔子学说作了进一步的发挥，是继孔子之后儒家学派最负盛名的大师，后世尊为"亚圣"，与孔子并称"孔孟"。故后世对儒家又有"孔孟学派"的称谓。

孟子（约前372—前289年）是邹国（今山东省邹县）人，他学成后曾在家乡广收门徒，从事教学。孟子在大约40岁时来到齐国稷下学宫，孟子在那儿20多年，取得了客卿的地位。齐威王晚年稷下学宫一度衰落，孟子离开齐国，到了宋国，向宋王偃推行他的"仁政"主张，但没有成功。于是孟子离开宋国，途经薛国回到故乡邹国。不久，他到滕国，打算推行其"仁政"主张。孟子在滕两年多，但终因滕国太小，难以得志。田齐宣王二年（前

---

[1] 冯友兰：《中国哲学简史》，生活·读书·新知三联书店2009年版，第75页。

第一篇 独尊的孔子

元《至圣先贤半身像》之"孟轲像"　台北故宫博物院藏

318年），稷下学宫复盛，孟子再次来到齐国，但因他在齐伐燕战争问题上与齐宣王意见不合，便于田齐宣王九年（前311年）离开齐国归邹，与公孙丑、万章等弟子一起著《孟子》一书。

《孟子》7篇，共35000多字，比较详细地记载了孟子游说各国时与各诸侯王以及其他人推难各种问题的经过和彼此的重要言论，虽然总的说来还没有脱离语录体形式，但无论从篇章结构和言辞文采上，《孟子》一书都比《论语》有了很大的发展，其主要特征是具有了故事情节和明确的中心论题，是战国诸子著作中极具文学性的散文佳作。其文章多是对话式的论辩文，犀利雄肆，机智善辩，语气逼真，气势充沛。《孟子》善用比喻，篇中多精彩的比喻和生动的寓言，平易亲切而又发人深省。《孟子》的散文成就备受后人推崇，韩愈、柳宗元、苏洵等许多古文名家都传《孟子》流韵遗风。

孟子自许其学术之使命，乃是"正人心，息邪说，距诐行，放淫辞，以承三圣。"他继承孔子的学说，把孔子的"仁"用于政治上，发展为"仁政"。他主张统治者应该有"恻隐之心"，推恩爱民，"以不忍人之心，行不忍人之政。"他主张"省刑罚，薄税敛""制民之产"，给人民一个"必使仰足以事父母，俯足以畜妻子，乐岁终身饱，凶年免于死亡"的生活条件。

孟子提出"民为贵，社稷次之，君为轻"的论点，这是"仁政"的中心。他认为君主治国，如果不照顾到老百姓的利益，就很难维持自己的统治。他说："得乎丘民而为天子，得乎天子而为诸侯。"意思是：取得百姓们信任的才能享有天下，而取得天子信任的不过做个诸侯。因此，国君对民众必须实行"仁政""与民同乐""同忧"。对不行"仁政"的暴君，可以流放，甚至可以诛杀，如周武王讨伐残暴的殷纣王。孟子说："闻诛一夫纣矣，未闻弑君也。"杀殷纣王是诛一独夫，并不是弑君。

孟子提出了"尚贤"的主张，他认为必须用贤人来实行"仁政"，国君应当尊重"贤人"。尚贤的最高形式是禅让，即把君位让给"贤人"。但是，

第一篇 独尊的孔子

孟子认为只有具备特殊才能的人，才可以不论亲疏贵贱地破格任用。而一般情况下，用人还是不能逾越等级。

《孟子》思想内容的一个重要方面是关于人的品格修养。其中关于"舍生取义"和"大丈夫"的论述，对后世的影响尤其深远。孟子深刻地讲述了人生在世应该有崇高的人格和明确的世界观，为了人生的理想可以舍生取义，不可在邪恶面前屈服。

荀子是战国末期赵国人，他的生卒年不详，估计他从事学术活动的时代约是前290年至前238年。荀子一生活动范围广泛，曾到过赵、燕、楚、秦、齐等国，其中有很长时间在齐国稷下学宫活动。在齐国时，荀子很受尊崇，地位很高。后来，荀子去齐适楚，在楚国当过春申君的兰陵（今山东省苍山县兰陵镇）令。晚年在兰陵与其门徒从事著书，有《荀子》一书传世。

《荀子》共32篇，其中《大略》《宥坐》等6篇可能为其门人弟子所记，其余各篇基本可信为荀子所作。《荀子》一书内容丰富。其论述范围涉及哲学、政治、经济、教育、自然、文学等诸多方面，并有专门采用文学形式创作的《赋篇》和《成相篇》。其中的文章大都是独立完整的专题论文，每篇都有概括全篇内容的标题，篇中围绕中心论点，层层深入地展开论证，结构绵密，说理透彻。《荀子》标志着战国时代论说文的成熟之境。

荀子处于战国末期，是"百家争鸣"逐渐走向终结的阶段。荀子的思想正是这一历史阶段开始的标志。荀子因长期活动在学术思想十分活跃的齐国的稷下学宫，他的思想受稷下先生们的影响很大。从学派上说，他是战国后期儒家的一位大师，但他的思想与孔、孟有许多不同。他从儒家的观点出发，而对于春秋战国时期各家学派的思想也都有批判的吸收，所以他的思想已经开始了春秋战国思想的大融合。冯友兰认为："荀子的理论可以称之为一种文化哲学。他的理论主旨是认为，一切良善和有价值的事物都是人所创造的。

价值来自文化，而文化则是人的创造性成就。"[1]

荀子是封建专制主义思想的首倡者。他认为，"礼"是封建统治者统治的标准。君主掌握了"礼"，就有了无比的权威。符合统治标准的就是善，则应以礼相待；否则就是不善，应用刑罚来处置。荀子的学生韩非、李斯发展了这种专制主义思想，因而出现了秦代的封建专制主义，并一直为后世历代帝王所沿用。韩非为中央集权制的大一统封建帝国的建立奠定了理论基础，而李斯则在统一六国的实践中把韩非的理论变为现实。他的两位弟子都在中国文化史上占有举足轻重的地位。

孔子创建的儒学是中国历史上影响最大的学术派别，后世经过历代统治者的大力提倡和学者们的发挥引申，延绵不绝，成为中国传统思想文化的重要组成部分，对中华民族文化和民族精神的形成起到了巨大的作用。这一个时代，恰好也是希腊哲学的黄金时代，苏格拉底、柏拉图、亚里士多德诸人相继而起。而春秋战国时期的孔子、孟子等思想家们，足以与希腊哲学界东西相辉映。许多学者都将春秋战国时代的诸子百家与古希腊哲学家们相提并论，比如冯友兰就说："孔子在中国历史中之地位，如苏格拉底之在西洋历史；孟子在中国历史中之地位，如柏拉图之在西洋历史，其气象之高明亢爽亦似之。荀子在中国历史之地位，如亚里士多德之在西洋历史，其气象之笃实沉博亦似之。"[2]

---

[1] 冯友兰：《中国哲学简史》，生活·读书·新知三联书店2009年版，第159页。
[2] 冯友兰：《中国哲学史》上册，商务印书馆1961年版，第140页。

第一篇 独尊的孔子

第二章 儒学的元典

一 孔子与元典

"元典"这个概念是冯天瑜先生提出来的。他所称中华文明元典,首先指的是《诗经》《尚书》《礼记》《周易》《春秋》《乐经》这"六经"。他指出:这些经典著作"首次系统地而不是零碎地、深刻地而不是肤浅地、辩证地而不是刻板地表达出对于宇宙、社会和人生的观察与思考,用典籍形式将该民族的'基本精神'或曰'元精神'加以定型。"[1] 冯天瑜认为,中华元典是中华民族垂范久远的指针和取之不尽的精神源泉。他说:"这一时期涌现的文化元典凝结着该民族在以往历史进程中形成的集体经验,并将该民族的族类记忆和原始意象第一次上升到自觉意识和理性高度,从而规定着该民族的价值取向及思维方式;又通过该民族特有的象征符号(民族语言、民族文字及民族修辞体系)将这种民族的集体经验和文化心态物化成文字作品,通过特定的典籍形式使该民族的类型固定下来,并对其未来走向产生至远至深的影响。"[2] 冯天瑜先生所说的这些中华元典,也就是儒家最重视的经典。把儒家经典看作"中华元典",可见儒家思想在中华文化传统中所占据的核心地位。

在商周时期,官府里有太史、太祝、太卜等官吏,即"王官",掌管学

---

[1] 冯天瑜:《中华元典精神》,上海人民出版社1994年版,第5页。
[2] 冯天瑜:《中华元典精神》,上海人民出版社1994年版,第5页。

术文化。他们将保存在官府的资料分门别类整理汇编而成的典籍，就是"六经"。其中宫廷的和民间搜集的诗歌，就是《诗经》；国家的政令、国君的言论记录等档案材料，就是《尚书》；与卜筮有关的材料，就是《周易》；典章制度与各种礼仪的材料，就是《礼记》；能歌唱的乐谱，就是《乐经》；历史资料就是《春秋》。章太炎说："诗书礼乐，乃周代通行之课本。"

"六经"保存了商周时代学术文化的精华部分。"六经"典籍原是"王官"藏于秘图（官府的图书馆）或太史之家的。春秋时期，随着"学在官府"格局的打破，"王官"散入各诸侯国与民间，"六经"典籍也同时散入各诸侯国并流传于民间，从而成为诸子百家所据以创造新学说、新思想的主要资料。

在这个时候，《诗经》《尚书》《礼记》《周易》《乐经》不仅是被作为教材，而且在引述和论证的过程中，人们已逐渐赋予其权威性经典的意义。这虽然是一个礼崩乐坏的时代，但是当人们将社会的动荡无秩序归因于礼、乐的坏亡之际，恰恰又赋予"礼""乐"以神圣性，赋予《诗经》《尚书》以权威性。这种推崇，无补于救世，却提供了《诗经》《尚书》《礼记》《乐经》及《周易》足以修身、经世的观念的基础[1]。

孔子对于"六经"的经典化和广泛流传起到了很大的作用。相传他编定《尚书》，删节《诗经》，编修《礼记》《乐经》，作《周易》，修《春秋》。所以汉代以后认为孔子是"六经"的删定者和著述者，"六经"皆由孔子"手订"。《史记·孔子世家》说："言'六艺'者宗于夫子，可谓至圣。"

但唐宋以后有些学者对这种说法有些疑惑，认为"六经"并非由孔子"删""修"而成，在孔子之前，已经初步形成了《周易》《诗经》《尚书》《春秋》诸典籍，但孔子对这些典籍都有比较深入的研究，做了一些整理工

---

[1] 张立文主编，陆玉林著：《中国学术通史》先秦卷，人民出版社2004年版，第459页。

作，并赋予一定的新义。孔子三代以来对文化之研究和对典籍之整理，是其学术之特色，也是其创建新说之基础，因而儒家学术之成立，实是以三代礼乐文化为基础[1]。

孔子还以这些典籍作为讲学的教材。在孔子看来，每一种教材都对培养新的士阶层具有重要的价值和意义。冯友兰先生指出：孔子"希望经他教导的学生成为国家和社会的栋梁之材，即所谓'成人'，因此，他以经书中包含的各种知识教诲学生。作为教师，他认为自己的首要任务是向青年学生解释古代的文化遗产"。"在解释古代的典制、思想时，孔子是以自己对道德的理解去诠释古代的经书。"[2]

所以，可以把孔子看作这些典籍的"传述者"。他对流散民间的周代王官典籍着力搜集，将其应用于平民教育，并在与门人及时贤的论难中，对这些典籍加以诠释，赋予新的意义，第一次使这些经典精神得到系统的阐发。钱穆先生指出："古代典籍流到孔子手里，都发挥出一番新精神来。"[3]这样，"六经"才得以成为后世儒家的经典。

二 从"五经"到"十三经"

"经"是天地的大准则、人生的大通道，称《周易》等书为"经"，说明它包括中国传统文化"天人之际"所有学问的大原理，大法则。钱穆指出："中国学术具有最大权威者凡二：一曰孔子，一曰六经。孔子者，中国学术史上人格最高之标准，而《六经》则是中国学术史上著述最高之标准也。自

---

[1] 张立文主编，陆玉林著：《中国学术通史》先秦卷，人民出版社2004年版，第73—74页。

[2] 冯友兰：《中国哲学简史》，生活·读书·新知三联书店2009年版，第44页。

[3] 钱穆：《中国文化史导论》，商务印书馆1994年版，第76页。

薪火相传 ——儒家文化传承的制度安排

孔子以来二千四百年，学者言孔子必及六经，治六经者则必及孔子。"[1]

"六经"之中，秦以后传世的没有《乐经》，所以只有"五经"。有人认为《乐经》亡于秦火，也有人认为《乐经》本附《诗经》而行，本来就没有《乐经》。这样，汉代以后所说的"六经"，实则为"五经"。"五经"包括《诗经》《尚书》《礼记》《周易》《春秋》五部作品。《春秋》由于文字过于简略，通常与解释《春秋》的《左传》《公羊传》《榖梁传》别合刊。原来形成于西周时代的占卜之书《易经》，变成了一部讲道德和政治、哲学的著作，列为儒家经典之首。

汉代以后，随着儒家地位的提高，"六经治世""六经致用"成为人们的共识，这些典籍"一举高登庙堂，成为两千余年中国官方哲学的基本依凭。"[2]并构成中国学术文化的主体——经学。汉武帝时设"五经博士"，专门研究"五经"，《周易》《尚书》《诗经》《礼记》《春秋》便由儒家的教材升格为"经"，正式称为"五经"。经学开辟了中国学术文化各个门类的端绪。

东汉时，在"五经"的基础上加上了《论语》《孝经》，共"七经"。唐朝时，《春秋》分为"三传"，即《左传》《公羊传》《榖梁传》；《礼经》分为"三礼"，即《周礼》《仪礼》《礼记》。这六部书再加上《周易》《尚书》《诗经》，并称为"九经"，立于学官，用于开科取士。唐文宗开成年间，在国子学刻石，内容除了"九经"之外，还加上了《论语》《尔雅》《孝经》，成为"十二经"。其中《尔雅》是战国到西汉的学者编写的一本可以用来学习儒家经典的词典，《尔雅》全书收录词语4300多个训解词义，诠释名物，经学家多据以解经。五代时蜀主孟昶刻"十一经"，排除《孝经》《尔雅》，收入《孟子》，《孟子》首次跻入诸经之列。南宋时，儒家的13部文献确立

---

[1] 钱穆：《国学概论》，商务印书馆1997年版，第2页。

[2] 冯天瑜：《中华元典精神》，上海人民出版社1994年版，第90页。

了它的经典地位,有宋刻《十三经注疏》传世。

清乾隆时期,镌刻《十三经》经文于石。清嘉庆二十一年（1816年）,由当时江西巡抚阮元主持,将南宋十行本残存的十一经,配补以宋刻《仪礼》《尔雅》二书的单疏本,重刻于南昌学堂,并将阮元旧日罗致学者所作《十三经校勘记》分别摘录,附于各卷之后。世称"阮刻本"。从此,"十三经"之称及其在儒学典籍中的尊崇地位更加深入人心。

"十三经"分别是《诗经》《尚书》《周礼》《仪礼》《礼记》《易经》《左传》《公羊传》《穀梁传》《论语》《尔雅》《孝经》《孟子》。

"十三经"是儒家文化的基本著作,就传统观念而言,《易》《诗》《书》《礼》《春秋》谓之"经",《左传》《公羊传》《穀梁传》属于《春秋经》之"传",《礼记》《孝经》《论语》《孟子》均为"记",《尔雅》则是经师的训诂之作。这13种文献,当以"经"的地位最高,"传""记"次之,《尔雅》又次之。

"十三经"是传世文献的始祖,是儒家思想文化的源头、主干。它的内容博大精深,囊括了传统文化的诸多方面,例如天人合一的思维模式,天下为公的大同理想,以民为本的治国原则,和谐人际的伦理主张,自强不息的奋斗精神等。在中国古代社会,《十三经》作为儒家文化的经典,其地位之尊崇,影响之深广,是其他任何典籍所无法比拟的。历代统治者不但从中寻找治国平天下的方针大计,而且对臣民思想的规范、伦理道德的确立、民风民俗的导向,无一不依从儒家经典。儒家经典对于社会的影响无时不在、无处不在。

三 《易经》

《易经》是中国最早的经典文献,堪称"众经之首""大道之源"。商周时代人们重视占卜。商人以骨卜为主,而周人以筮卜为主。筮卜也称易占,是运用50根蓍草和《易经》卦书来占卜吉凶。占筮之法，是先从50根蓍草中取出1根不用，然后将49根在手指间分倒3次，看余数是奇数还是偶数，便得到一个阳爻"——"或一个阴爻"— —"。然后依上述方法继续搬动蓍草，得出其余五爻，构成六十四卦中的一卦。以后，再根据《易经》上的卦、爻辞解释占问事项的凶吉。

筮卜与骨卜相比，其预测方式更加规范化了，在占卜的形式上，也容纳了丰富的历史与生活经验。从现今保存的文物中看出，商代已有契数的卦象，六十四卦的卦名也已存在。《礼记》记载："孔子曰：……我欲观殷道，是故之宋，而不足征也，吾得'坤''乾'焉。"这说明商时已有与《周易》类似的文献。孔子去宋国所得之"殷卦书"，可以看作《周易》的前身。

关于《易经》的起源，有所谓"人更三圣，世历三古"的说法。所谓"三圣"，即伏羲、文王和孔子。据《易·系辞》说，《易经》是出自圣人之手，伏羲仰观天象，俯察地理，远取诸物，近取诸身而作八卦。周文王将八卦相叠演成

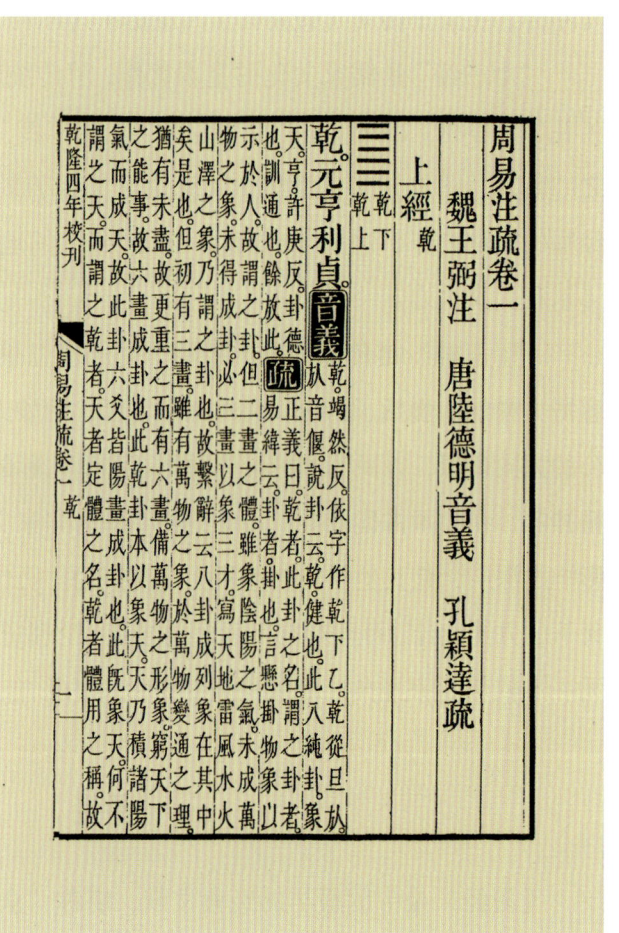

清乾隆四年武英殿刻本《钦定周易注疏》书影

六十四卦，并在被商纣王囚禁时写了六十四条卦辞和三百八十四条爻辞，整理出中国最早的这部卦书。司马迁在《史记》中说："周文王演三百八十四爻而天下治。"又说："西伯拘羑里，演《周易》。"

《周易》一书包括"经"和"传"两部分。《易经》和《易传》都非一人一时之作，而是在流传中形成的集体著作。《易经》发端于商周之际而成书于西周时。很可能是巫门积累了大量筮辞，经过筛选、整理、编排而形成的。周人占筮的内容极广，举凡政治、军事、生产、生活的各个方面，都可通过占筮问吉凶、知安危。《易经》就是六十四卦的卦象、卦辞和爻辞。《易传》则完成于东周，其内容是对《易经》的解释和发挥，总共 10 篇，合称"十翼"。"翼"是"羽翼"的意思，有"辅助"之义。"十翼"为阐明《易经》而作，是对《易经》的解释系统，故曰"传"。它是用八卦重叠而成的六十四卦为结构框架，把中华民族在太古时代摸索总结出来的生活经验和生产经验，用抽象的符号记录下来，进一步以阴阳变化之道来分析，说明宇宙间的一切现象，通过卜卦来启示天道、地道、人道的变化规律。《易传》使《易经》发展成为一部博大精深的阐述宇宙变化的哲学著作。

《易经》之所以称为"易"，据东汉儒家学者、经学大师郑玄解释，有三个含义：一是简，二是变易，三是不易。就是说，万物之理有变有不变，现象在不断变化，而一些最基本的原则又是不会变的。《易经》以简单的图像和数字，以阴和阳的对立变化，来阐述纷纭繁复的社会现象，显示成千上万直至无穷的数字，具有以少示多、以简示繁，充满变化的特点。

对于中国传统思想史来说，更重要的是《易经》按照阴阳两爻的排列组合，形成八卦、六十四重卦和三百八十四爻的系统，体现了数学上的某种规律，反映了宇宙在结构和运动方面的某些奥秘，其中包含了朴素的辩证思维方式，把一切事物都看成运动的、有条件的，使人把握起来更加灵活，有较多的思考余地。《易经》对天地宇宙、自然现象、社会生活的方方面面，

薪火相传——儒家文化传承的制度安排

河南汤阴县羑里城周文王演易坊

从哲学的高度做了阐述，阐明了事物运动变化的规律。特别是对伦理道德、思想方法、事物转化、新陈代谢、治军作战、刑事诉讼、婚丧嫁娶、夫妻关系、家庭教育、喜怒哀乐、居家旅行、生老病死以及革故鼎新等，都作了带有普遍规律性的论断，成为把抽象的哲理和现实社会生活结合起来的典范。钱穆指出：《易经》主意在教人避凶趋吉，迹近迷信，"但其实际根据，则绝不在鬼神的意志上，而只是在于人生复杂的环境和其深微的内性上面找出一恰当无误的道路或条理来。最先此种占卜应该是宗教性的，而终于把他全部伦理化了。而且此种伦理性的指点与教训，不仅止于私人生活方面，还包括种种政治、社会、人类大群的重大事件，全用一种伦理性的教训来指导，这又是中国文化之一个主要特征。"[1]

---

[1] 钱穆：《中国文化史导论》，商务印书馆1994年版，第71页。

据史书载，孔子晚年很喜欢《周易》，由于经常翻阅而致"韦编三绝"，孔子说自己"加我数年，五十以学《易》，可以无大过矣"。

《易经》本身只是宗教的占卜之书，但是自春秋以来，《周易》经过孔子的研究和传述，成为诸子百家学术思想的源泉。许多古代的科学与哲学都从这块沃土上诞生，成为中华文化的重要源头。《易传》说，易道"广大悉备"，天底下一切事情都可以包括在"易"的道理中。现代国学大师熊十力说："中国一切学术思想，其根源都在《大易》，此是智慧的大宝藏。"钱穆指出："《易经》虽是中国一部哲学书，但同时亦可说是中国的一件文学或艺术作品。中国哲学与文学艺术是一般的极重实际，但又同时想摆脱外面种种手续与堆砌，想超脱一切束缚，用空灵渊微的方法直入深处。这全都是中国国民性与中国文化之一种特征。"[1]

四 《尚书》

《尚书》也称《书经》，简称《书》，被列为传统儒家经典之一。

中华传统文化的一个重要特点，就是史学发达。在很久以前，大约是在商代的时候，就已经开始书写历史了。商代已有史官，其职责之一是"作册"。甲骨文中常提到典册，这些典册当是出自作册官员之手。作册是一种奉行王命制定典册的重要官员，西周以后也称作"作册内史"或简称"史"。

商周时史官的职权范围相当大，不仅记录天子的言论与行动，而且主管教育与宗教仪式。周代史官原是当时天子和诸侯的秘书性质。所有政治上的重要文件，都是由史官起草、书写和管理。有关农业生产的时令和历法，也是由史官制定和掌管的。按年按月的国家大事，又是由史官记录的。史官还要参与宗教仪式性质的典礼。因此，史官不但是当时的历史学家，而且是天

---

[1] 钱穆：《中国文化史导论》，商务印书馆1994年版，第68—69页。

唐卷子写本《尚书》

文学家和宗教学家。

国君言行有专门史官记载，这是我国的传统。史官在国君的身边，记录国君言行，即"君举必书"的制度。这对国君行为也起到了一定的监督作用。

史学传统是中华文化的重要特征之一。清代学者章学诚认为，"六经皆史"，古人虽然没有私人著作，但古人并没有离开具体的事情而空谈道理，因而都具有重要的历史价值。钱穆先生就说，《诗》《书》"早已是一种极好的史料。"[1]

钱穆先生所说的《书》就是《尚书》。古时称赞人"饱读诗书"。这里说的"诗书"便是分别指《诗经》《尚书》。

"尚"就是"上古"的意思，《尚书》意为"上古之书"，是中国上古

---

[1] 钱穆：《中国文化史导论》，商务印书馆1994年版，第74页。

历史文献和部分追述古代事迹作品的汇编。有一种说法认为"上"是"尊崇"的意思，《尚书》就是"人们所尊崇的书"。还有一种说法认为"尚"是代表"君上（君王）"的意思，因为这部书的内容大多是臣下对"君上"言论的记载，所以叫作《尚书》。战国初期《左传》等引《尚书》文字，分别称为《虞书》《夏书》《商书》《周书》，战国时总称为《书》，到了汉代才改称《尚书》，意即"上古帝王之书"。儒家尊之为经典，故又称《书经》。

《汉书·艺文志》说，《尚书》原有100篇，孔子编纂并为之作序。孔子晚年集中精力整理古代典籍，将上古时期的尧舜一直到春秋秦穆公时期的各种重要文献资料汇集在一起，经过认真编选，选出100篇，这就是百篇《尚书》的由来。相传孔子编成《尚书》后，曾把它用作教育学生的教材。在儒家思想中，《尚书》具有极其重要的地位。

秦代的焚书给《尚书》的流传带来毁灭性打击，原有的《尚书》抄本几乎全部被焚毁。当时有一位博士伏生，始皇下诏烧诗书的时候，他将《尚书》藏在墙壁里。后来他流亡在外，天下稍太平时回家检查所藏的《尚书》，发现已经失去数十篇，剩下的只有29篇，他以此在家乡教授学生。汉文帝想召他入朝，但这时他已经90多岁，不能远行，文帝便派掌故官晁错来从他学。伏生口授，他的学生用汉代通行文字隶书抄写的《尚书》就流传开来。这就是所谓《今尚书》或《今文尚书》。

相传汉武帝时，鲁恭王在拆除孔子故宅一段墙壁时，发现了另一部《尚书》，是用先秦六国时的字体书写的，人们称之为《古文尚书》。《古文尚书》经过孔子后人孔安国的整理，篇目比《今文尚书》多16篇。

然而，在西晋永嘉年间的战乱中，《古文尚书》《今文尚书》全都散失了。东晋初年，豫章内史梅赜伪造《古文尚书》25篇，又从《今文尚书》中析出数篇，连同原有的《今文尚书》共为58篇，也称《古文尚书》。现通行的《十三经注疏》中的《尚书》，就是经过晋人之手的这种《古文尚书》。

清人孙星衍作《尚书今古文注疏》，广泛汲取前人考订成果，将篇目重新厘定为29卷，大抵恢复了汉代《尚书》传本的面目。

《尚书》是我国古老的文章汇编，绝大部分应属于当时官府处理国家大事的公务文书，准确地说，它应是一部体例比较完备的公文总集。

《尚书》分为《虞书》《夏书》《商书》《周书》四个部分，记载上起传说中的尧舜时代，下至春秋中期，1500年。基本内容是古代帝王的文告和君臣谈话内容的记录，这说明作者应是当时的史官。《虞书》《夏书》非虞、夏时所作，是后世儒家根据古代传闻编写的假托之作。

《尚书》有记言、记事之分，所录大部分为虞、夏、商、周各代典、谟、训、诰、誓、命等文献，就是王侯对于臣僚的讲演、命令、宣言和谈话记录，属"记言"之作。"典"是重要史实或专题史实的记载，"谟"是记君臣谋略的，"训"是臣开导君主的话，"诰"是勉励的文告，"誓"是君主训诫士众的誓词，"命"是君主的命令。这些都属于记言散文。《尚书》中"记事"的作品较少，仅有《金縢》《顾命》两篇。前者记述周公藏书金縢之匮（铜绳捆束的匣子），成王开匣取书，看到周公旦的祝词，了解其忠诚之后大为感动的全过程；后者叙述了成王临终遗嘱和康王继位登基、朝享诸侯的全过程。

《尚书》主要记录虞夏商周各代一部分帝王的言行，重点在仁君治民之道和贤臣事君之道。它以天命观念解释历史兴亡，以为现实提供借鉴。这种天命观念的核心思想一是敬德，二是重民。自汉以来，《尚书》一直被视为中国古代社会的政治哲学经典，既是帝王的教科书，又是贵族子弟及士大夫必修的"大经大法"，在历史上很有影响力。

《尚书》是中国古代散文形成的标志。据《左传》等书记载，在《尚书》之前，有《三坟》《五典》《八索》《九丘》，但这些书都没有传下来。先秦散文当从《尚书》开始。书中文章，结构渐趋完整，有一定的层次，已注意在命意谋篇上用功夫。后来春秋战国时期散文的勃兴，是对它的继承和发展。

秦汉以后，各个朝代的制诰、诏令、章奏之文，都明显地受它的影响。

《尚书》的文字诘屈艰深，晦涩难懂，但其中部分篇章也有一定的文采。如《盘庚》3篇，是盘庚动员臣民迁殷的训词，盘庚用"若火之燎于原，不可向迩"比喻煽动群众的"浮言"，用"若乘舟，汝弗济，臭厥载"比喻群臣坐观国家的衰败，比喻都很形象。《无逸》篇中周公劝告成王："呜呼！君子，所其无逸，先知稼穑之艰难。乃逸，则知小人之依。"《秦誓》篇写秦穆公打了败仗后，检讨自己没有接受蹇叔的意见时说："古人有言曰：'民讫自若是多盘，责人斯无难；惟受责俾如流，是惟艰哉！'我心之忧：日月逾迈，若弗云来。"话语中流露出诚恳真切的态度。《尧典》《皋陶谟》等篇中，还带有神话色彩，有时篇末还缀以诗歌。

五　《诗经》

《诗经》是中国第一部诗歌总集，汇集了从西周初年到春秋中期500多年中的305篇诗歌，代表了当时文学的最高成就。

相传中国周代设有采诗之官，每年春天，摇着木铎深入民间收集民间歌谣，把能够反映人民欢乐疾苦的作品，整理后交给太师（负责音乐之官）谱曲，演唱给天子听，作为施政的参考。据说原有古诗3000篇，孔子根据礼义的标准编选了其中300篇，整理出了《诗经》。《汉书·艺文志》说："诗言志，歌咏言。故哀乐之心感而歌咏之声发。诵其言谓之诗，咏其声谓之歌。故古有采诗之官，王者所以观风俗，知得失，自考正也。孔子纯取周诗，上采殷，下取鲁，凡三百五篇。"《论语》中孔子自己也说："吾自卫返鲁，然后乐正，雅、颂各得其所。"可知孔子曾为《诗》正过乐。

《诗经》原称"诗"或"诗三百"，汉代儒生始称《诗经》。现存的《诗经》是汉朝毛亨所传下来的，所以又叫"毛诗"。

薪火相传 ——儒家文化传承的制度安排

宋马和之《诗经·巷伯》诗意图（局部）　故宫博物院藏

《诗经》中的诗，最初都是配乐的歌词，保留着古代诗歌、音乐、舞蹈三者结合的形式，只是后来乐谱和舞姿失传，只剩下歌词，于是就成为现在我们所见到的一部诗集了。

《诗经》分"风""雅""颂"三部分，"风"为土风歌谣，包括了各地方诸侯国（大部分在黄河流域）的民间乐歌，多半是经过润色后的民间歌谣，都为反映人民生活，特别是爱情生活的民间小调，共有160篇。"雅"为西周王畿的正声雅乐，共105篇，又按音乐的不同，分为"大雅"（31篇）和"小雅"（74篇）。"大雅"用于诸侯朝会，多为贵族所作；"小雅"用于贵族宴享，多为个人抒怀。"大雅"的一部分如较早的《生民》《公刘》《绵》《皇矣》《荡》《大明》等，是周初的史诗。史诗是历史的第一页，周代史诗的内容主要叙述自周始祖后稷至武王灭商这一时期的历史。"颂"为上层社会宗庙祭祀的舞曲歌辞。颂是宗庙祭祀的乐歌和史诗，即用来娱乐神祇和祖先的舞蹈音乐，内容多是歌颂祖先功业的诗句。

《诗经》内容丰富，反映了劳动与爱情、战争与徭役、压迫与反抗、风俗与婚姻、祭祖与宴会，甚至天象、地貌、动物、植物等方方面面，是周代社会生活的一面镜子，被誉为古代社会的百科全书，具有重要的历史价值，是我们了解那个时代的直接性文献资料。"述往事，思来者"，正是《诗经》的历史价值所在。《诗经》以诗的语言"述往事"，广泛地反映了社会生活的各个方面。司马迁在《报任安书》中自述创作《史记》的动机时曾说："《诗》三百篇，大抵贤圣发愤之所作为也。此人皆意有所郁结，不得通其道，故述往事，思来者。"

《诗经》在春秋战国时代有着非常广泛的影响。那时的士人们已经把《诗经》作为语言辞令的教科书。孔子十分重视《诗经》，他说："不学诗，无以言。"（《论语·季氏》）又说："诵《诗》三百，授之以政，不达，使于四方，不能专对。虽多，亦奚以为？"（《论语·子路》）是说《诗经》已经成为当时外交场合中常用的表意语言。孔子曾概括《诗经》宗旨为"无邪"，认为："《诗》可以兴，可以观，可以群，可以怨。迩之事父，远之事君，多识于鸟兽草木之名。"（《论语·阳货》）他多次向其弟子及儿子训诫要学《诗》，以作为立言、立行的标准。先秦诸子中，多有人引用《诗经》，如孟子、荀子、墨子、庄子、韩非子等人在说理论证时，多引述《诗经》中的句子以增强说服力。至汉代，《诗经》被儒家奉为经典，成为《六经》及《五经》之一。钱穆先生论述了《诗经》对于中华传统文化的深远影响，他指出，我们要懂中国古代人对于世界、国家、社会、家庭等种种方面的态度观点，最好的资料，无过于此《诗经》三百篇。……我们要了解中国人此下发展的文学与艺术之内部精神，及其标准风格，我们亦应该从《诗经》里去探求[1]。冯天瑜先生也说："它的思想倾向于艺术风格影响后世文学至远至深，一部中国文学史，可以说是在《诗经》的导引下得以发展的。"[2]

---

[1] 钱穆：《中国文化史导论》，商务印书馆1994年版，第67—68页。
[2] 冯天瑜：《中华元典精神》，上海人民出版社1994年版，第55页。

六 《礼记》

在"四书""五经"中，《礼记》的影响特别大，"四书"中的《大学》《中庸》其实都是《礼记》里面的文章，还有像"大同""小康"等中国人治国的一些理想，也都出于《礼记》。

《礼记》是"五经"之一。但还有"三礼"之说，即《周礼》《仪礼》《礼记》。《周礼》《仪礼》虽然没有进入"五经"，但也被作为儒家经典，列入"十三经"。礼所包括的范围很广，从国家的典章制度，直至个人的行为准则。《周礼》讲官制和政治制度，《仪礼》记述有关冠、婚、丧、祭、乡、射、朝、聘等礼仪制度，《礼记》则是孔子学生以及后人传习《礼经》的记录，内容有关礼的性质、意义和作用。其中既有礼仪制度的记述，又有关于礼的理论及其伦理道德、学术思想的论述。"三礼"是古代华夏礼乐文化的理论形态，对礼法、礼义作了最权威的记载和解释，对历代礼制的影响最为深远。

《周礼》世传为周公所著，但实际上可能成书于战国时期或两汉之间。《周礼》在汉代最初名为《周官》。《周礼》之所以由《周官》而更名为"周礼"，意味着在汉儒看来，社会的所有一切制度规范，可概名之"礼"。礼统摄着所有制度规范。

《周礼》是中国最早和最完整的官制记录，也是世界古代一部最完整的官制记录。《周礼》全书共6篇，即《天官冢宰》《地官司徒》《春官宗伯》《夏官司马》《秋官司寇》《冬官司空》，各篇分为上下卷，共12卷。其中《冬官司空》早佚，到汉时补以《考工记》。

《周礼》是通过官制来表达治国方略的著作，内容极为丰富，涉及社会生活的所有方面。最系统地记载了礼的体系，既有祭祀、朝觐、封国、巡狩、丧葬等国家大典，也有如用鼎制度、乐悬制度、车骑制度、服饰制度、礼玉制度等具体规范，还有各种礼器的等级、组合、形制、度数的记载。《周礼》

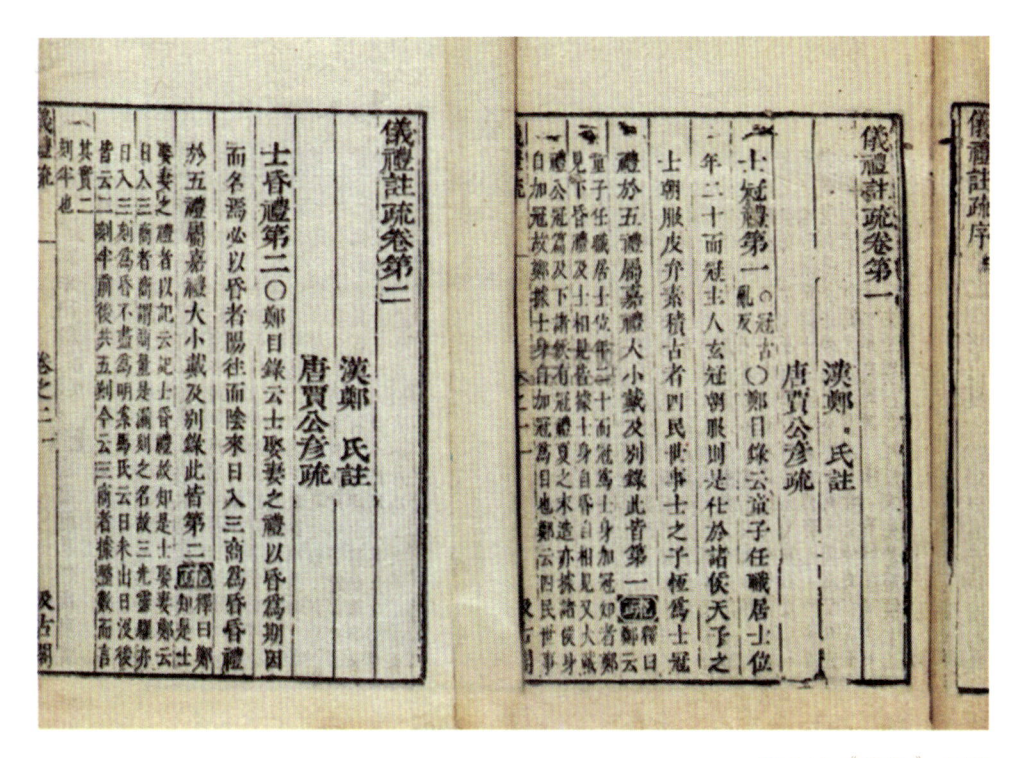

郑玄注《周礼》书影

一书含有丰富的治国思想，《天官》概括为六典、八法、八则、八柄、八统、九职、九赋、九式、九贡、九两等十大法则，并在地官、春官、夏官、秋官的叙官中作了进一步的阐述，详密严谨，宏纤毕贯。《周礼》的制度规范并非以往社会的实际制度，而是一种指向未来的理想设计。

"三礼"都与孔子礼的思想有关，但只有《仪礼》由孔子整理编订而成，它是孔子搜集周鲁各国即将失传的礼仪加以整理记录而成的。

司马迁、班固等人认为，《仪礼》是孔子慨叹周室式微，礼崩乐坏，乃追迹三代之礼而作，作为用以教弟子的原典。孔子编订的《仪礼》原名《礼》，传到汉代只剩了17篇。宋代学者王应麟（就是编写《三字经》的那位王应麟），按照《周礼·春官·大宗伯》对礼的分类法，将《仪礼》17篇分为4类：《特牲馈食礼》《少牢馈食礼》《有司》等3篇记祭祀鬼神、祈求福佑之礼，属吉礼；《丧服》《士丧礼》《既夕礼》《士虞礼》等4篇记丧葬之礼，属凶礼；《士相见礼》《聘礼》《觐礼》等3篇记宾主相见之礼，属宾礼；《士冠礼》《士昏礼》《乡饮酒礼》《乡射礼》《燕礼》《大射礼》《公食大夫礼》等7篇记冠婚、宾射、燕飨之礼，属嘉礼。

《仪礼》主要记载古代贵族（包括国君、诸侯、卿、大夫、士）从成人、结婚到丧葬的各种礼节，以及其交往、燕飨、朝聘、乡射、大射等各种政治和社会活动中的礼仪规范。它是一部详细的礼仪制度章程，告诉人们在何种场合下应该穿何种衣服、站或坐在哪个方向或位置、每一步都该如何去做，等等。据《仪礼》载，天子、诸侯、大夫、士日常所践行的礼有：士冠礼、士昏礼、士相见礼、乡饮酒礼、乡射礼、燕礼、大射礼、聘礼、公食大夫礼、觐礼、士丧礼、丧服、既夕礼等。

汉人以《礼》所讲为士所必习的礼节，称为《士礼》。《仪礼》是西汉所立"五经"之一，故又名《礼经》，以此与当时流传的礼的各种《记》相区别。但汉人也有将《仪礼》称为《礼记》的。晋人认为其所讲的并非礼的意义，而是具体的礼节形式，故称之为《仪礼》。

"三礼"之中，《仪礼》出现最早并首先取得经的地位，西汉武帝时立五经博士，《仪礼》居其一，其后又为唐九经、宋十三经之一。儒家重视人生各阶段的礼仪教育，《仪礼》中的许多篇正是这种教育的礼法，如《士冠礼》为成年教育礼；《士昏礼》为婚姻教育礼，具有法规的作用。有关丧礼的几篇，奠定了封建社会宗法关系的基本原则，影响最为深远。还有数篇记述贵族之间的礼仪，包括外交礼仪，其中许多礼仪原则沿用至今，成为礼仪定式。到宋代，《仪礼》又经学者的删削整理，以家礼的形式推向民间。《仪礼》所记，及于上古贵族生活的各个主要方面，具有很高的史料价值，朱熹认为三礼中"《仪礼》最醇"。以后历朝礼典的制定，大多以《仪礼》为重要依据，对后世社会生活影响至深。

在"三礼"之中,《礼记》是战国到秦汉年间儒家学者解释说明经书《仪礼》的文章选集,是一部儒家思想的资料汇编。但《礼记》虽只是解说《仪礼》之书,但由于涉及面广,其影响超出了《周礼》《仪礼》,最后取代了《仪礼》成为"五经"之一。

《礼记》有两种传本,一种是汉代经学家戴德所编,有85篇,今存40篇,称《大戴礼记》。历代儒者对此书不甚重视,基本无研究、传授此书者。

另一种,也便是我们所见的《礼记》,是戴德的侄子戴圣选编的,称《小戴礼记》。戴圣与叔父戴德曾跟随经学大师后苍学《礼》,成就卓著,朝野威望很高。两人被合称为"大小戴"。戴圣官至九江太守,汉宣帝时被立为博士,参与石渠阁论议。后来以授徒讲学和著述为业,对传播和发展"礼学"有一定贡献,他对于今文礼学的研究被称为"小戴学"。

戴圣《礼记》,又称《小戴礼记》《小戴礼》《小戴记》,是戴圣根据历史上遗留下来的一批佚名儒家的著作合编而成,其中的大多数篇章,可能是孔子七十二弟子及其后学撰作而成,是一部有关儒家思想的资料汇编,各篇的成书年代主要分布在战国初期至西汉初期这段时间。

《礼记》49篇,共9万多字,内容繁复驳杂,篇目编次也不成系统。各篇主要是记载和论述先秦的礼制、礼义,解释《仪礼》,记录孔子和弟子等的问答,记述修身做人的准则等。涉及政治、法律、道德、哲学、历史、祭祀、文艺、日常生活、历法、地理等诸多方面,几乎包罗万象,集中体现了先秦儒家的政治、哲学和伦理思想。

《礼记》全书用记叙文形式写成,一些篇章具有相当高的文学价值。有的用短小生动的故事阐明某一道理,有的气势磅礴、结构严谨,有的言简意赅、意味隽永,有的擅长心理描写和刻画,书中还收有大量富有哲理的格言、警句,精辟而深刻。

在儒家经典中,《礼记》一书最集中、最全面、最系统地记述并阐释了儒家思想学说的核心内容，在儒家经典体系中占有重要地位。《礼记》中的许多篇章，是中国文化史上彪炳千古的典范。比如《礼记·礼运》中，孔子与其弟子子游以答问的形式提出了著名的"大同"社会理想，并进而说明"天下为公"是大同社会的特征，而礼制则是"小康"社会的纲纪。《礼记》许多篇章从不同的角度阐述了儒家礼乐文化"和"的精神及其重要意义。如《礼记·儒行》明确提出："礼之以和为贵。"书中大量记载了包括称谓、辞令、服饰、家教、尊老、丧祭、教化、礼俗等在内的古代文化史知识，几乎涉及社会生活的所有方面，是丰富的文化宝库。

史学家吕思勉说：《礼记》为孔子的七十弟子后学之书，又多存礼家旧籍。读之，既可知孔门之经义，又可考古代之典章，实为可贵。还有学者指出，几千年来，对中华民族共同体意识形态影响最大的书是儒家的书，从所起作用的大小来估计，《礼记》仅次于《论语》，比肩于《孟子》，而远远超过《荀子》。

七 《春秋》

《春秋》本是各国史书的名称。史官记事，本是编年体性质，一年四季所作之事都书于简牍，但不能全举春、夏、秋、冬四字来作为书名，于是概举"春""秋"，以包括"夏"和"冬"。孔子说他见过百二十国《春秋》，墨子也曾说"吾见百国春秋。"可见当时修撰国史是普遍的情况。但各国的史书都已亡佚不存了，今天所见到的被收入《十三经》中的《春秋》，是鲁国的史记。鲁国的《春秋》，因经孔子整理而入于"六经"，即孔子作为教授弟子的"六艺"之一，因而被保存了下来。

《春秋》所记事，上起鲁隐公元年（前722），下止鲁哀公十四年（前481年），中经鲁国12位国君，历时242年。《春秋》在记述事件时，使用了简洁而严

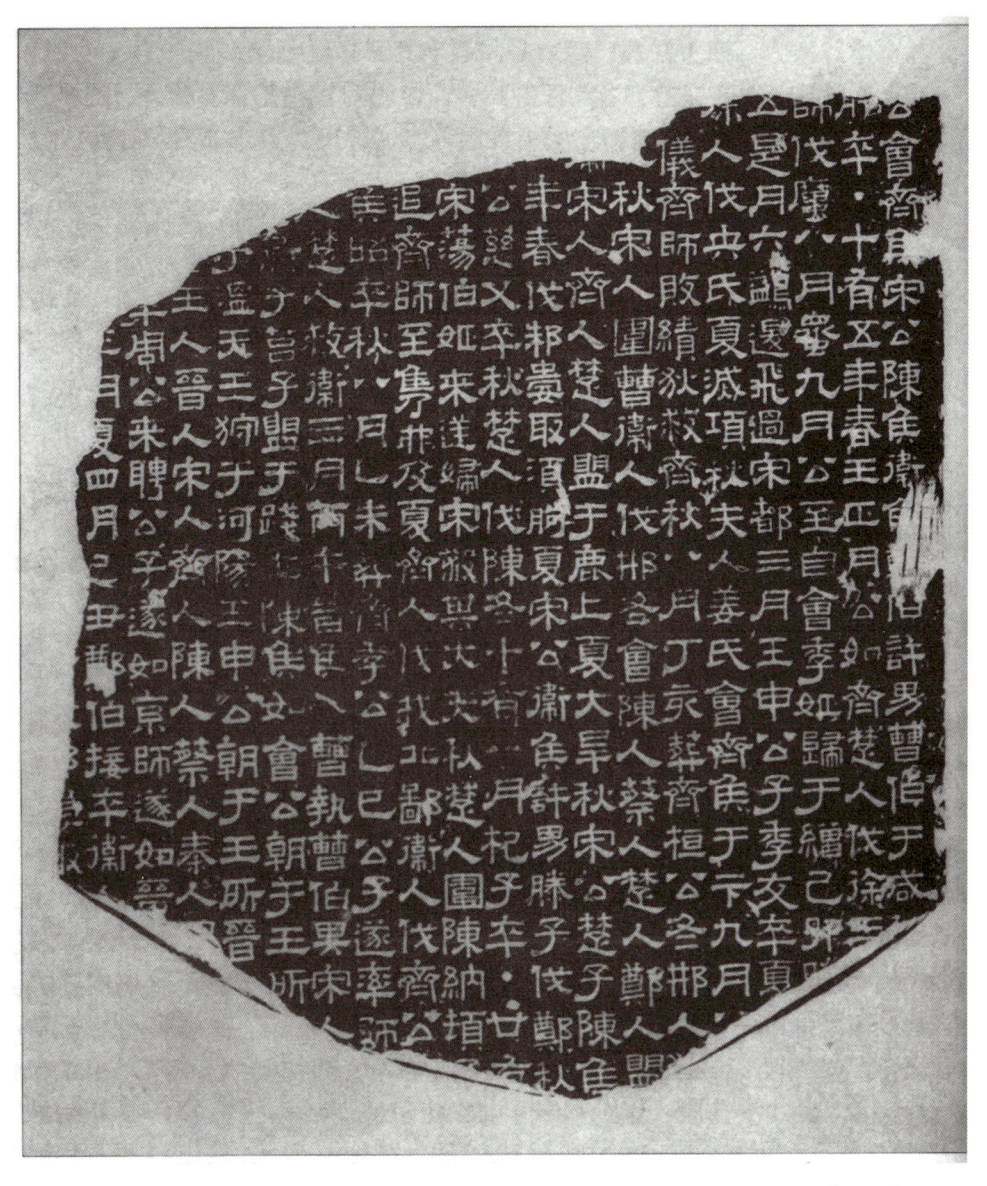

汉代石刻《春秋》残片

谨的格式。例如，它记事的结构，一般以何年、何月、何日、何地、何人、发生何事、结果如何为先后次序，系年纪事，有条不紊。《春秋》语言朴素而精确，如它记载战争时，往往根据战况和作者对某一次战争的看法分别选

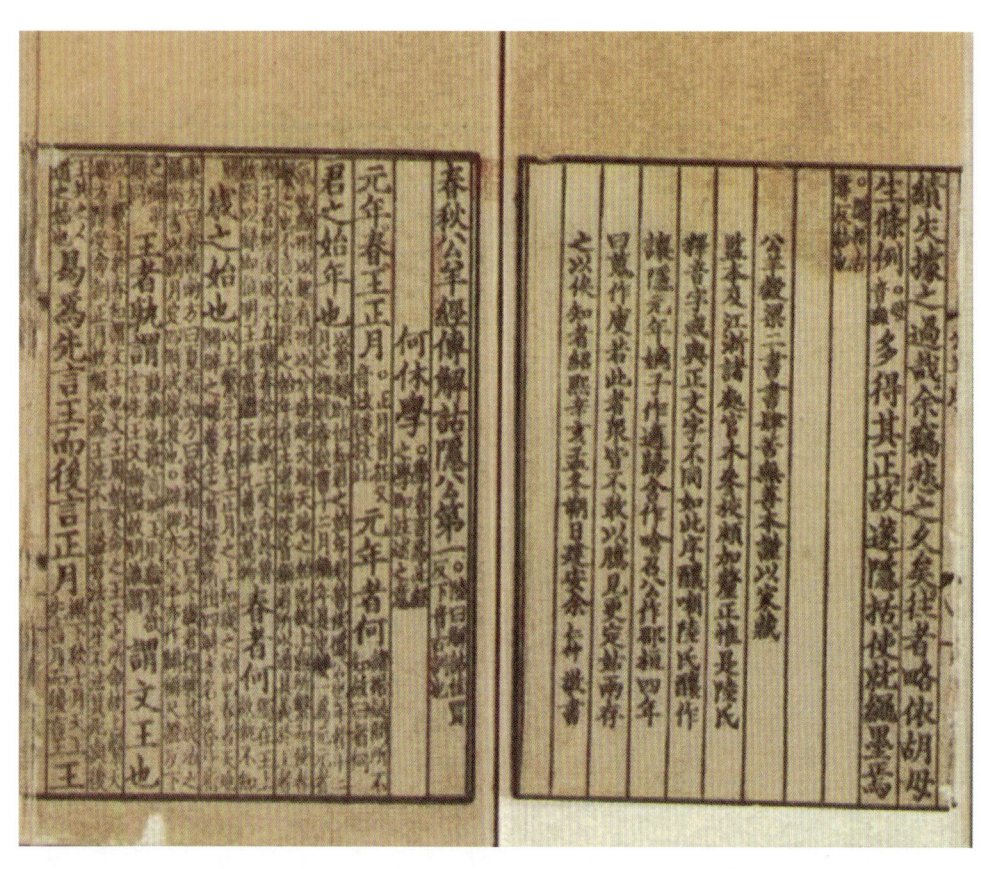

何休《春秋公羊经传解诂》

用伐、侵、袭、克、灭、取、歼、追等不同的词语来表达，暗含出是非观点和褒贬倾向，所以有"孔子作《春秋》，乱臣贼子惧"的说法。钱穆认为，孔子编定《春秋》，在中国文化史上，其贡献约有三点：

第一，是孔子打破了当时以国别为史的旧习惯，他虽然根据鲁国国史编纂，但他并不抱狭义的国家观念，在他的新史里，以当时有关整个世界的霸业，即齐桓公、晋文公所主持的诸夏城郭国家和平联盟的事业为中心。

第二，是他的新史里有一种褒贬，这种褒贬，既是他的历史哲学，也是他的人生批评。他对于整个人类文化演进有一种广大而开通的见解，如楚国、吴国等，其先虽因不能接近诸夏文化体系之故而排之为夷狄外族，到后来亦随其文化之演进而升进之为诸夏,与中原诸国平等看待。

第三,史书本为当时宗庙里特设的史官之专业,现在由孔子转手传播到社会,成为平民学者的一门自由学问。

钱穆指出:"以上三点,孔子亦只在依随当时中国文化演进之大潮流大趋势而加速一步促其实现,与加进一层予以更深更新之意义。"[1] "中华民族乃一历史的民族,而孔子既为中国最伟大之史学家,又为第一史学家也。"[2]

《春秋》被后世奉为儒家的一部经典,一直备受重视。唐人刘知几称此书"为不刊之言,著将来之法,故能弥历千载,而其书独行"。(《史通·六家》)

《春秋》以事实为根据表达观点的创作方法对后世有着巨大影响。后世文人常把《春秋》的写作风格——行文简要以及暗含褒贬奉为写作的圭臬。所谓"属辞比事,《春秋》教也"。(《礼记·经解》)西汉经生传述孔子的话说:"我欲载之空言,不如见之于行事之深切著明也。"这种"用事实说话"的写作方法,尤为后代史家所遵循。

我国历代的历史著作大都注意史实,尽量利用具体的历史事件来表达自己的观点,而不是仅以某些事件作为例证来发挥自己的见解,很少有空洞说教之作,因而史料价值很高。不过,"史书的记载,特别是《春秋》的记载,是为了从中吸取统治经验和教训的,因此史官在记载历史时,无论内容和措辞,都必须着重于'劝诫',于是有所谓'《春秋》笔法'。所谓'《春秋》之称,微而显,志而晦,婉而成章,尽而不污,惩恶而劝善'(《左传》成公十四年)。为了达到'劝诫'的目的,除了讲究措辞外,还要称引当时贵族中知名人士的评论,也还要用'君子曰'来加以评论。现存的春秋史书《左传》和《国语》,都有'君子曰'的评论。此后历代史学家,往往沿用这一体例来评论历史事

---

[1] 钱穆:《中国文化史导论》,商务印书馆1994年版,第74—75页。
[2] 钱穆:《国史大纲》上册,商务印书馆1994年版,第101页。

件和历史人物。"[1]

《左传》是以《春秋》为纲记叙历史，是一部以纪年为线索的编年体史书。西汉人称它为《左氏春秋》，东汉人认为它是为了传（阐释）《春秋》而写的，故改称为《春秋左氏传》，后世简称为《左传》。《左传》为战国初年的作品，它以《春秋》事略编次，用鲁君世袭隐、桓、庄、闵、僖、文、宣、成、襄、昭、定、哀十二公为序，从鲁隐公元年（前722年）写起，一直写到鲁悼公四年（前464，比《春秋》多出17年），其叙事至于悼公十四年（前477年）为止，前后叙述了268年的历史。它博采了当时的其他史籍和文化典籍及口头史料，规模庞大，内容丰富，叙事完整详密，其中有曲折的情节，有生动的场面，特别是对一些著名战役的描写，波澜起伏，有声有色，其中人物性格鲜明、形象生动。

《左传》是"中国古代第一部最翔实最生动的历史。包括将近三百年内几十个大国错综复杂的一部大史书。我们可以直接了解那时代的文化真相，全靠着这部书"。[2]《左传》成书后，在战国时代就有流传。汉代以后，《左传》流传日广，司马迁的《史记》不少取材于《左传》。河间献王刘德爱好搜集传播古代文化，还立了《左氏春秋》博士，专门讲授《左传》。《春秋》的褒贬是非以及《左传》直书无隐的精神，一直为司马迁以来的史学家所继承，成为中国史学家撰著的原则。《左传》的作者常常通过"君子"或他人之口来表达自己的观点以及对历史事件和人物的评价，这种手法也为后来史家所秉承。

与《左传》并存的还有孔子弟子子夏的弟子、战国时齐人公羊高所作的《公羊传》，同为子夏的弟子、战国时鲁人穀梁赤所作的《穀梁传》，并称为"春秋三传"。"春秋三传"是围绕《春秋》形成的著作，也被列入儒家经典，

---

[1] 杨宽：《战国史》，上海人民出版社2003年版，第663页。
[2] 钱穆：《中国文化史导论》，商务印书馆1994年版，第75页。

也就是"十三经"其中的三部。三传之中,《公羊》《穀梁》二传起初为口头传授,至西汉时才成书传。

八 朱熹与"四书"

"四书"的称呼大约是到了南宋才出现的。宋代理学家朱熹著《四书章句集注》,分别为4部儒家典籍做注疏。这是朱熹一生最重要的著作,也是在宋代形成的中华文化新经典。

朱熹认为,"五经"内容丰富但表达的意义不够集中、明确。他继承二程从《礼记》中分出《大学》《中庸》两篇的思路,并将《论语》《孟子》提升到"经"的地位,与《大学》《中庸》合称"四书"。在宋代理学家心中,"四书"亦是经学,与其他诸经相比,"四书"的地位更为重要。

朱熹用40年时间"遍求古今诸儒之说",融会百家,收集各种经典文本,加以研究注释。《论语集注》引用学者1629条注解,《孟子集注》引用学者1324条注解。在此期间,朱子还写了《论语要义》《论语训蒙口义》《大学解》《大学或问》《论孟精义》等与"四书"相关的著作,构筑起包括理气论、天人合一、格物致知、理一分殊在内的庞大的哲学新体系。宋人黄震《黄氏日抄》说:"晦庵为《集注》,复祖诂训,先明字义,使本文坦然易知,而后……发其指要。"钱穆先生说,朱熹"于四书用功最勤最密,即谓四书学乃朱熹全部学术之中心,亦无不可。"他还在《朱子学提纲》中对朱熹用功于四书学作了简要的总结:"四书结集于程朱,自朱子以来八百年,四书成为中国社会之人人必读书,其地位已在五经之上。"朱熹把"四书"与千年前就有了的"五经"双峰并峙,共同成为中国人精神生活的基础柱石。

朱熹将"四书"视作一个整体,其间的联系甚是紧密。依朱熹所说,人之所以为人、人不能不学的道理,以及正确的学习次序,都可以在"四书"

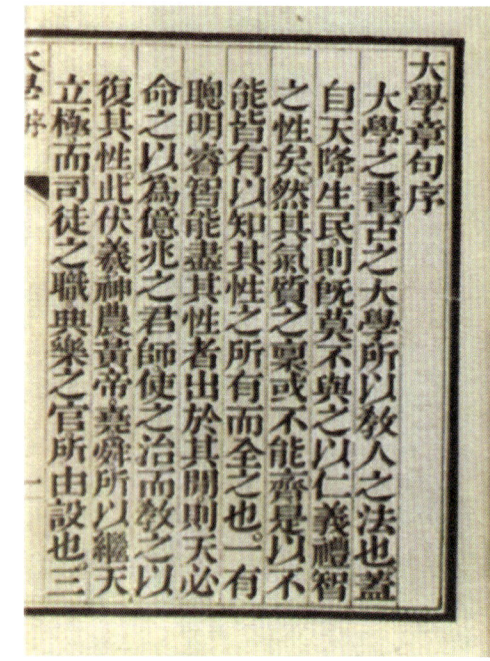

薪火相传 ——儒家文化传承的制度安排

朱熹《四书集注》书影

中找到答案。他多次强调读"四书"的次序，先看《大学》，次《论语》《孟子》，次《中庸》。如果在"四书"上真正下功夫，涵泳于字字句句，再联系自身看透彻，将一生受用不尽。朱熹说："先读《大学》，以定其规模；次读《论语》，以定其根本；次读《孟子》，以观其发越；次读《中庸》，以求古人之微妙处。"他还说"四书"是"《六经》之阶梯"。

在《朱子读书法》中，朱熹谈到"四书"各自的特点及其整体联系，他说：《大学》，是先圣先贤流布万世、施行教化的至高经典，它面向全体天下后世人而讲；《论语》《孟子》为一时、一事而阐发道理，记录着随机变化、具体讨论问题的观点；《中庸》是儒家传授的至高思想，后世学人恐不能轻易领悟。朱熹认为，《大学》贵在提纲挈领，如果没有对于《大学》纲领的总体把握，将很难理解《论语》《孟子》的精微要妙；如果不学习《论语》《孟子》，做不到融会贯通，将无法理解《中庸》的归旨意趣；如果达不到《中庸》高度，又如何能立定天人之际的大本大经，进而参论天下大事呢。所以，要从整体上认识"四书"、理解"四书"、领悟"四书"。通过《大学》，提纲挈领地学习垂世立教之大典；通过融会贯通《论语》《孟子》，理解应机接物之精微；接下来，体悟《中庸》的高度，立定根本，筹谋大业。因此，在朱熹看来，读"四书"不能泛泛而看，须"循环不住温习，令其烂熟"。

朱熹注释的《四书》既融会了前人的学说，又有他自己的独特见解，切于世用。朱熹之后，宋廷将《四书集注》审定为官书，提倡士子们习读朱熹《四书集注》，从此盛行起来。元代延祐年间（1314—1320 年）恢复科举考试，正式把出题范围限制在朱注《四书》之内。明、清沿袭元制，衍出"八股文"考试制度，题目也都是出自朱注《四书》。《四书集注》成为古代文人开科取士的必读书，其地位与"五经"相媲美，其理论、思想、观点成为知识界辨别是非正误的标准。

朱熹所编定的《四书》次序是《大学》《论语》《孟子》《中庸》，是按照由浅入深进修的顺序排列的。后人因为《大学》《中庸》的篇幅较短，为了刻写出版的方便，而把《中庸》提到《论语》之前，成了通行的《大学》《中庸》《论语》《孟子》顺序。

《大学》传为曾参（前505—前434年）所作。曾参是孔子的主要弟子，是儒家主要学派"思孟学派"的重要代表人物，后世尊其为"宗圣"，与孔子、孟子、颜子合称"四圣"。也有人认为《大学》的成书时代大体在孔子、曾子之后，孟子、荀子之前的战国前期，即公元前5世纪左右，系出于曾氏之儒一派的儒家学者的作品。

《大学》原本是《礼记》中的第42篇。在南宋前从未单独刊印过。唐代韩愈、李翱主张儒家道统而推崇《大学》与《中庸》。韩愈把"仁义"定为"道"的根本，并以《大学》为依据，提出了"正心—诚意—修身—齐家—治国—平天下"的儒家道德的修炼路径。他在《原道》中引用《大学》"古之欲明明德于天下者"来证明和张扬儒家道统,并把《大学》《孟子》《易经》视作同等重要的"经书",提高了《大学》在儒家道统中的地位。

北宋二程认为《大学》是孔子及其门徒留下来的遗书,称"《大学》,孔氏之遗书而初学入德之门也",是儒家学派的入门读物。朱熹继承二程思想,把《大学》从《礼记》中抽出来,与《论语》《孟子》《中庸》并列,成了《四书》之一,并把它列为"四书"之首。宋、元以后,《大学》成为学校官定的教科书和科举考试的必读书。

朱熹《大学章句》序言说,《大学》一书,是古代大学的教人之法。在古代,大学之教盛行,教学的节目次第甚为详细,为人君者能躬行君子,所教之事多在民生日用纲常伦理之内,于是世人皆学。古昔盛时,治隆于上,俗美于下。时至孔子生活的春秋末年,周道衰颓,教化、风俗皆颓败。孔子取诸先王之法,以诵以传,诏明后民。在孔子的三千弟子中,朱熹认为唯曾子之传得其宗,再至孟子。孟子没后,书虽存,知其意者不多。这里讲到的"曾子之传",正是《礼记》本《大学》,又称《大学》古本。自孟子后,出现了很长时间的空档期,直至北宋二程接孟子之传,尊信《大学》。

朱熹重新调整了次序,分别章节,并作出了自己的解释,增补了传文,以使其书看起来"序次有伦,义理通贯,似得其真"。在"四书"中,朱熹认为要首读《大学》。因为《大学》一书,说古人为学大方;《大学》是为学纲目;先通《大学》,立定纲领;先读《大学》,可见古人为学首末次第。

《大学》全文文辞简约,内涵深刻,影响深远,基本内容主要是对孔子代表的儒家思想作了体系性、结构性的概括和描述,以阐明儒家关于学习的内容、目标和为学的次序途径,概括总结了先秦儒家道德修养理论以及道德修养的基本原则和方法,着重阐述了提高个人修养、培养良好的道德品质与治国平天下之间的重要关系。

"大学"顾名思义,就是大人的学问,主要讲的是修身、齐家、治国、平天下的重要思想，是初学儒家道德思想的入门典籍。

《大学》开头说："大学之道在明明德，在新民，在止于至善"。"明明德""新民"和"止于至善"，这是人生的三个最根本的追求目标，所以称为"三纲领"。"八条目"就是"格物、致知、诚意、正心、修身、齐家、治国、平天下"，强调修己是治人的前提，修己是为了治国平天下，说明治国平天下和个人道德修养的一致性。《大学》就是围绕"三纲领、八条目"展开的。"三纲"即"明明德、亲民、止于至善"；"八目"为"格物、致知、诚意、正心、修身、齐家、治国、平天下"。做人做学问，皆贵在先掌握纲领，纲举目张。朱熹多次阐明《大学》就是纲领、纲目所在。这个纲领正是《大学》所言的三纲八目。

《大学》提出的人生观要求注重个人修养，怀抱积极的奋斗目标，这一修养和要求是以儒家的道德观为主要内涵，体现了儒家的政治理想。《大学》强调自身道德修养的提高，还强调了对社会的关心和参与精神，唐代学者孔颖达在《礼记正义》中说："此《大学》之篇，论学成之事，能治其国，章明其德于天下。"《大学》所提出的"修、齐、治、平"思想，几乎成为中国古代读书人的唯一标准理想。

《中庸》和《大学》一样，原是《礼记》中的一篇，即第31篇。汉代已有《中庸》的单行本及其解说问世。后来经过宋代儒家学者的推崇，而将其从《礼记》中抽出独立成书，成为《四书》之一。

《中庸》相传为子思所作。子思（前483—前402年）名孔伋，"子思"是他的字。子思是孔子的嫡孙、孔子之子孔鲤的儿子。子思生活的时代相当于战国中期。他是曾参的学生，孔子的思想学说由曾参传子思，子思的门人再传孟子。后人把子思、孟子并称为思孟学派，因而子思上承曾参，下启孟子，在孔孟"道统"的传承中有重要地位，后人尊他为"述圣"。《汉书·艺文志》记载，子思的著作有23篇，曾经被编辑成《子思子》一书。朱熹指出：《中庸》

是"子思子忧道学之失传而作也。"又说:"此篇乃孔门传授心法,子思恐久而差也,故笔之于书,以授孟子。"子思时,学术与时势皆已是"去圣远而异端起"的局面,这引发了子思深深的忧惧,惧时间愈久愈失其真。于是,他推本尧、舜以来相传之意,忆及祖父孔子、老师曾子之言,加上自己的理解,作《中庸》。

子思作《中庸》一书,对孔子的中庸思想进行了系统阐述。该书全篇以"中庸"作为最高的道德和自然法则,讲述天道和人道的关系,把"中庸"从"执两用中"的方法论提到了世界观的高度。《中庸》提出的"五达道""三达德""慎独自修""至诚尽性"等内容,对古代中国人的人性道德修养有重要影响。

儒家认为,中庸是人所应具有的最高的品德。《中庸》重点讨论的是作为最高品德的"中庸之道"。《中庸》论述了性情与道德修养,肯定"中庸"是道德行为的最高准则,"至诚无息",将"诚"看作是世界的本体,并提出"博学之,审问之,慎思之,明辨之,笃行之"的学习过程和认知方法。

《论语》成书于春秋战国之际,是孔门弟子集体智慧的结晶。其编纂者主要是仲弓、子游、子夏、子贡,他们忧虑师道失传,首先商量起草以纪念老师,然后和少数留在鲁国的弟子及再传弟子完成,其中有的篇章就是曾参学生的记载。清朝赵翼解释说:"语者,圣人之语言,论者,诸儒之讨论也。""论"又有纂的意思,所谓《论语》,是指将孔子及其弟子的言行记载下来并编纂成书。

孔子是《论语》描述的中心,《文心雕龙·征圣》说"夫子风采,溢于格言"。书中不仅有关于孔子的仪态举止的静态描写,而且有关于他的个性气质的传神刻画。此外,围绕孔子这一中心,《论语》还成功地刻画了一些孔门弟子的形象。如子路的率直鲁莽、颜回的温雅贤良、子贡的聪颖善辩、曾皙的潇洒脱俗等等,都称得上个性鲜明,能给人留下深刻印象。

《论语》语言简练，浅近易懂，用意深远，其中所记孔子循循善诱的教诲之言，或简单应答，点到即止；或启发论辩，侃侃而谈；或富于变化，娓娓动人。有一种雍容和顺、纡徐含蓄的风格，是语录体散文的典范。

《论语》全书共 20 篇 492 章，12000 字，以语录体为主，叙事体为辅。其中记录孔子与弟子及时人谈论之语约 444 章，记录孔门弟子相互谈论之语 48 章。较为集中地体现了孔子的政治主张、伦理思想、道德观念及教育原则等。在编排上，《论语》没有严格的编纂体例，每一条就是一章，集章为篇，篇、章之间并无紧密联系，只是大致归类并有重复章节出现。

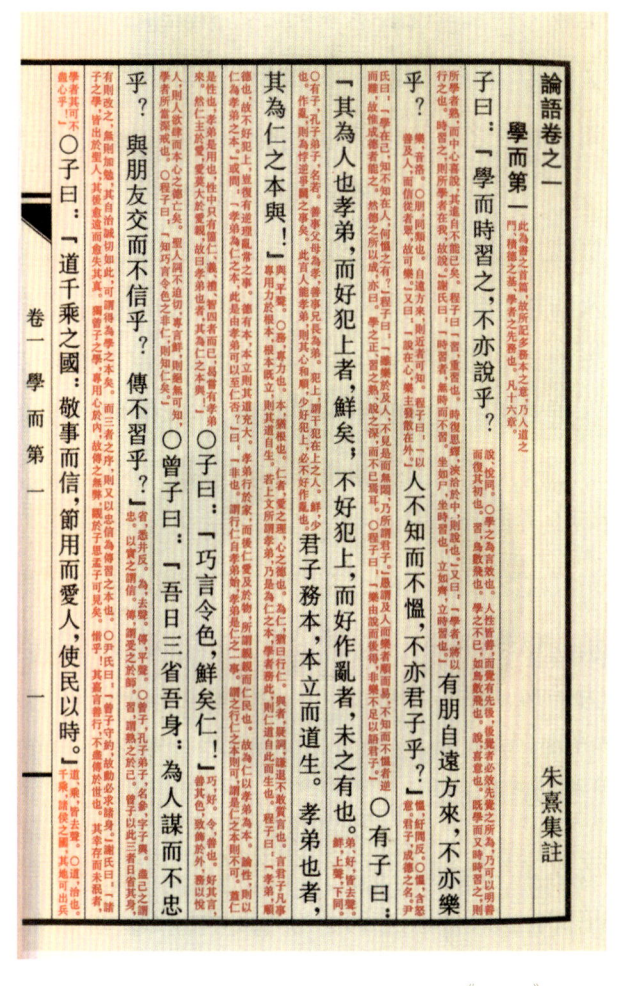

《论语》书影

《论语》所包含的思想内容极为丰富，博大精深，包罗万象。集中表现了孔子的仁政理想，还对人的品德修养，生活志趣，人际交往等作了精辟论述，其中不少成为后世的格言。千百年来，一直广为传诵，是古代教学必修教材之一。

孔子思想以立身为出发点，而人能立身于世的首要条件就是具有"君子"

人格。君子具备仁爱之心，自重自律；表里如一，言行一致；积极进取，德才兼备；孜孜于学，注重实践；安贫乐道，谨守正义；等等。始终坚守人之间的相处之道，遵从不同的伦理关系，构建着和谐友爱的人际关系和社会环境。

《论语》是汉初学习者必读之书，是汉代人启蒙书的一种。自汉武帝"独尊儒术"之后，《论语》被尊为"五经之辐辖，六艺之喉衿"，是研究孔子及儒家思想，尤其是原始儒家思想的第一手资料。《论语》对中国传统政治、思想、文化产生了巨大影响。北宋时赵普曾有"半部《论语》治天下"之说。在两千多年的历史中，《论语》一直是中国人的初学必读之书。

《孟子》是"四书"中篇幅最大、部头最重的一本。孟子与其弟子"序《诗》《书》，述仲尼之意，作《孟子》七篇"（《史记·孟子荀卿列传》）。东汉经学家赵岐在《孟子题辞》中把《孟子》与《论语》相比，认为《孟子》是"拟圣而作"。尽管《汉书·艺文志》仅仅把《孟子》放在诸子略中，视为子书，但实际上在汉代人的心目中已经把它看作辅助"经书"的"传"书了。汉文帝把《论语》《孝经》《孟子》《尔雅》各置博士，称"传记博士"。到五代后蜀时，后蜀主孟昶命令人楷书十一经刻石，其中包括了《孟子》，这可能是《孟子》列入"经书"的开始。朱熹编《四书》列入了《孟子》，正式把《孟子》推到了与《大学》《论语》等同的地位。元、明以后又成为科举考试的内容，更是读书人的必读之书了。

《孟子》7篇，共35000多字，相传另有《孟子外书》4篇已佚。7篇目分别是：《梁惠王》《公孙丑》《滕文公》《离娄》《万章》《告子》《尽心》。

《孟子》比较详细地记载了孟子游说各国时与各诸侯王以及其他人推演各种问题的经过和彼此的重要言论，虽然总的说来还没有脱离语录体形式，但无论从篇章结构和言辞文采上，《孟子》一书都比《论语》有了很大的发展，其主要特征是具有了故事情节和明确的中心论题，是战国诸子中极具文学性的散文佳作。其文章多是对话式的论辩文，犀利雄肆，机智善辩，语气逼真，

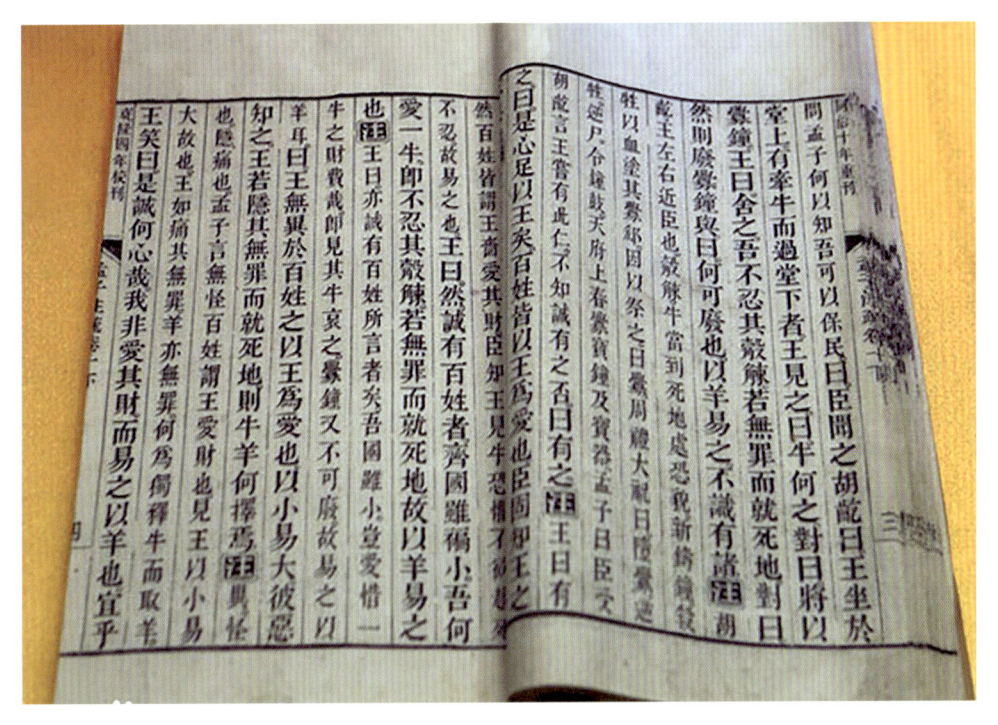

《孟子》书影

气势充沛。

《孟子》的散文成就备受后人推崇，韩愈、柳宗元、苏洵等许多古文名家都传《孟子》流韵遗风。有一则轶事说，苏轼总觉得自己的文章写得不如他父亲苏洵，便向其父请教，苏洵也未说出所以然。苏轼怀疑父亲有什么秘箱，偷偷打开苏洵的枕箱，发现里面有一部《孟子》。苏轼便认真研读《孟子》，文章水平果然赶上了父亲。

关于读《论语》《孟子》之法，朱熹将"观圣人所以作经之意，与圣人所以用心"作为读圣贤书的要旨所在。引发人们思考圣之所以为圣，而吾何以未至未得。围绕这个中心命题，孜孜以求，昼诵其味，中夜以思，在一幅与圣人同在的全景画面中，以求见得"圣人之意"。朱熹说："《语》《孟》工夫少，得效多；六经工夫多，得效少。"这是因为《语》《孟》"文词平

薪火相传——儒家文化传承的制度安排

易而切于日用，读之疑少而益多"。在他看来，在圣人留下的经典中，只有《论语》《孟子》用词平实易懂，和每个人的日常生活密切相关，读了之后疑问少而收获大。朱熹建议人们看文字要看平易正当处。由此也可见《论语》《孟子》的行文特点，在于"文词平易而切于日用"。在他看来，孔、孟皆在教人做功夫，《论语》《孟子》正是教人做工夫的典籍。孔孟教人做工夫，即以心行事，事在心中；以事验心，心在事中。

"四书"蕴涵了儒家思想的核心内容，是儒学认识论和方法论的集中体现。在历史上，"四书"的主要内容又通过私塾乡校、教书先生以及唱戏的、说书的，从各种渠道流向社会，影响世道人心。梁启超说，《论语》《孟子》等是两千年国人思想的总源泉，支配着中国人的内外生活，其中有益身心的圣哲格言，一部分早已在全社会形成共同意识。

官方规定的儒家经典主要是"四书""五经"，直到清代，"四书""五经"都是中国传统文人的必备经典，是中华传统文化内容的根源。如果不了解"四书""五经"，就不能了解中华传统文化的方方面面，也不能把握中华传统文化的理论基础和核心价值观念。"四书""五经"统领了整个中华传统文化，是我们把握中华传统文化根本精神的必读之书。

第三章 "独尊儒术"的基本国策

一 定"儒术"于一尊

秦始皇实行"焚书坑儒"、禁止"私学"以及"以吏为师"的文化政策，虽加强了思想专制，但使学术文化遭到严重摧残，孔子的儒家学派也受到沉重打击。"焚书坑儒的直接后果，就是导致了知识群体和统治者离心离德。显然，文化高压政策，并没有达到统治者预期的统一思想的目的，而是走向了反面。在社会尚能保持稳定之时，士人们保持着沉默，或者暗中做着各种形式的反抗。……天下一旦有变，他们就把对统治者的不满，转变为拼死一搏。"[1] 而从长远来看，焚书坑儒造成的后果极其严重：一是使先秦大批文献古籍付之一炬，给中国文化造成重大损失；二是使春秋末叶以来蓬勃发展的自由思索的精神，遭受了一次致命打击。许殿才主编的《中国文化通史》秦汉卷指出："'焚书坑儒'造成的后果是严重的。不但消灭了大量具有异己倾向的士人，直接毁坏了大量传世典籍，而且首开史学禁锢之例，用强制力量消弭反抗意识，将思想学术限制在政府圈定的范围之内，扼制了中华民族的创造精神。"[2]

汉朝初期的统治者们以秦为鉴，在文化学术思想上采取了开放的方针，

---

[1] 龚书铎总主编，黄朴民等著：《中国文化发展史》秦汉卷，山东教育出版社2013年版，第399页。

[2] 郑师渠总主编，许殿才主编：《中国文化通史》秦汉卷，北京师范大学出版社2017年版，第13页。

薪火相传——儒家文化传承的制度安排

使先秦诸子之学有所复苏和流传，一度出现了诸子思想活跃并走向综合的趋势。另一方面，汉初统治者在长期战乱后为了保持稳定的局面，以恢复和发展经济，采取"与民休息"的政策，于是，战国中期稷下派道家主张"清静无为"的黄老之学就应运而生，成为汉初统治者的指导思想和当时学术文化领域的主流。

"黄老之学"主张"无为而治"，但摒弃了老子消极遁世的内容，将"循理而举事"的合理行为视为"无为"，从而将其发展为积极入世的治道，要求统治者节欲、惠民、行仁义，不干扰老百姓的正常生产、生活，以利于社会的安定和生产的恢复、发展。汉初黄老学派与先秦原始道家的重大差异之一，是由消极避世变成了积极入世。黄老之学反映了巩固大一统封建帝国的需要，具有融会道法，兼采儒墨、名家、阴阳家的特点。由于统治者的提倡，"黄老之学"逐渐成了一种社会思潮，直至成为"一个时代精神，或作一个时代的趋势"[1]。

"黄老之学"是两汉时期第一个风行天下的主流社会思潮，是由先秦诸子之学过渡到董仲舒代表的汉代儒学的一个中间环节。黄老学说作为一种统治思想，以及由此产生出来的一系列政治、经济政策，西汉初期的"休养生息"政策曾对恢复和发展生产、安定社会秩序起到了重要作用。

经过60多年的经济恢复和发展，到汉武帝时，国力已相当强大，这就为汉武帝在政治、军事上的作为提供了雄厚的物质基础。处于西汉王朝的鼎盛时期，原先适应汉初休养生息政策的黄老"无为"思想已不符合新形势的需要。黄老之学的清静无为不是长久之计，它无助于社会的礼乐教化和政治上的制度建设，并且中央政府的无为反而便利了地方割据势力的强大，吴楚七国之乱从根本上破坏了大一统帝国的稳定。并且，在西汉初年，先秦诸子学仍然有着强大的势力，黄老之学并没有达到独尊的地位。统治者迫切感到

---

[1] 张维华：《西汉初年对于刑律的修正》，《文史哲》1982年第5期。

有必要建立一种新的思想体系，作为社会的统治思想。

元光元年（前 134 年），儒家学者董仲舒向汉武帝提出三大文教政策，即"罢黜百家，独尊儒术""兴太学，置明师""重选举，广取士"，号称"天人三策"。董仲舒说：

> 《春秋》大一统者，天地之常经，古今之通谊也。今师异道，人异论，百家殊方，指意不同，是以上无以持一统，法制数变，下不知所守。臣愚以为诸不在六艺之科孔子之术者，皆绝其道，勿使并进。邪辟之说灭息，然后统纪可一而法度可明，民知所从矣。

董仲舒认为，为了适应汉王朝一统天下的政治需要，必须有统一的思想，方可"统纪可一，而法度可明，民知所从矣"。如若"师异道，人异论，百家殊方，指意不同"，就会破坏中央集权的大一统形势。他建议汉武帝尊儒兴学，"立大学以教于国，设庠序以化于邑，渐民以仁，摩民以谊，节民以礼"。用儒家思想统一教育，教化民风。董仲舒认为，思想统一了，才能有统一的法度，人民才能有统一的行为准则，这样才能巩固和维持君主集权制度。

用思想上的大一统来巩固政治上的大一统，是董仲舒独尊儒术、以儒家经学统一整个社会指导思想的现实理由。董仲舒的想法是，思想统一必

壁画《秦皇汉武封禅图》

须统一于"六经",而"六经"最权威、正确的解释权属于以孔子为祖师的儒家学派。

董仲舒的大一统论,政治上要统一于受天命的新王,在当时自然是指雄才大略的汉武帝,思想上则要统一于儒家经学,而当时最著名的儒家经师自然非董仲舒本人莫属。这是政治家和思想家的契合。董仲舒的建议适应加强专制主义中央集权的需要,因而得到了汉武帝的赞赏。

不过,董仲舒提倡"罢黜百家,独尊儒术",并不是禁绝各家的著作和思想;儒家的独尊,并非儒学的独存。董仲舒只是在强调和突出儒家在社会文化的主流地位,将其上升为统治阶级的统治思想。樊树志说:"董仲舒要'罢黜'的不过是那些新来对策的专治杂学的人,并非禁绝儒家以外的各家;其用意只在于确立儒家在官学与朝廷政治中的地位,不许其他学派分沾,而不是禁止诸子百家在社会上流传;读书人若要研究,尽可自便,只是不能用来猎取功名富贵。"[1] 所以,在汉代,并没有取缔诸子之学,黄老、兵、刑、农、医和阴阳等家的学术都有所流传和发展,百端之学,存而不废,续而不绝。西汉末年刘向、刘歆集枝群书,"讲六艺传记、诸子、诗赋、数术方技,无所不究。"

二 为什么"儒术"可以"独尊"

前文引述冯友兰先生的看法,认为秦始皇的"焚书坑儒"和汉武帝的"独尊儒术",目的都是一样的,就是为了实现国家的"大一统"而进行思想上的统一。但是,秦始皇失败了,汉武帝成功了。其最主要的原因不仅是秦始皇采取粗暴严厉的手段,汉武帝采取比较温和的措施,而是孔子的儒家学说更适合作为中华民族的核心思想。自此以后,则使得儒家思想成为"独尊"

---

[1] 樊树志:《国史十六讲》,中华书局2006年版,第59页。

的国家意识形态。

本是先秦诸子百家中的一家的儒家，为什么会在中国传统文化中取得这样特殊的文化地位呢？这当然与官方的有意扶植、推崇和宣传有关。从汉代董仲舒提出"罢黜百家、独尊儒术"开始，历代王朝几乎都自觉地把儒家学说作为一种官方文化，不断通过对孔子本人及其门徒、传人和后裔加封等形式化的手段来强化儒学的文化地位，把"尊孔读经"作为主要的教育内容来强化儒家思想的传播。

其次，儒学本身并不是一个完全封闭的思想体系，它以自己的同化能力和开放性把中国文化中各种有价值的思想学说纳入自己的观念框架中，变成儒家学说的一部分。正像郭沫若所指出的，"秦以后的儒家是百家的总汇，在思想成分上不仅有儒有墨，有道有法，有阴阳，有形名，而且还有外来的释。"历史上有所谓儒、道、释"三教合流"之说，实际上这种"合流"的本质是"道"与"释"汇合到"儒"的流中，是按照儒家的文化精神和观念框架剪裁和解释"道"与"释"，是以儒家思想为主体的"合流"。

但是，对于确立儒学的文化地位来说，最根本的或最重要的，是儒学的精神蕴涵体现了中国传统文化的内在规定性，集中表达了中国传统社会的文化主题。所以，中国传统文化的主体或代表，就"应当是"儒家思想，而不能是其他别的学说。官方的强化作用，儒学对其他思想学说的同化和吸收能力，也都是由儒学自身的这种属性所决定的。许倬云指出：华夏文化体系，兼具坚韧的内部抟聚力，及广大的包容能力，遂使中国三千年来不断成长不断扩大，却又经常保持历史性共同意识。世界上若干伟大文化体系中有的内聚力强，如犹太文化系统；也有的包容力特强，如伊斯兰教与基督教的两大系统。中华民族的华夏文化却兼具两个特色，而且都异常强劲。[1]许倬云在

---

[1] 许倬云：《西周史》（增订本），生活·读书·新知三联书店1994年版，第317页。

薪火相传——儒家文化传承的制度安排

这里提出华夏文化的内聚力和包容力两种基本性格，这种性格特征是在中国文化形成时期就孕育成形的文化特质。西周是孔子心目中的典型。"孔子是中国文化的代言人，也正因为他体认了华夏文化的性格。儒家学说是华夏文化的阐释，儒家理想人格是择善固执，是以仁恕待人，这种性格，可称为外圆（包容）内方（执善），也正是华夏性格的化身。儒家文化的基本性格成为中国文化的基本性格，而其成型期，正是在西周形成华夏文化本体的时候。"[1]

儒家思想作为中国传统文化的主体或代表，也可以说是儒学的基本精神蕴涵和文化意义，主要表现在以下几个方面：

（1）儒家思想集中表达了一种农业文明的世界观。中国传统社会是一个农业社会。农业社会中的人们满足于维持简单再生产，缺乏扩大社会再生产的动力，因而社会运行缓慢迟滞，大体呈现静止、稳定、和谐的特点。儒学的文化意义首先在于，它以哲学运思的方式，把中国传统农民的世界观理论化系统化，建立起中国人"看"世界的思想观念体系。例如儒家主张"天人合一"的自然主义精神，提倡顺应自然、服从自然，并且用自然现象论证社会秩序，强调人与自然的和谐。在儒家哲学中，人们感受到的不是改造和征服自然的宏大气势，而是一种田园诗般的宁静和安详。人与自然处于同一有机整体之中，人与自然的对话是宇宙有机整体的内部交流。儒家提倡的人生的最高境界是"知天命"，顺应"天命"，从而达到与宇宙的交融与"合一"。这种自然主义的世界观表达的正是在农耕经济形态下生活的人们对宇宙的基本感受。

（2）建立起一套完整的伦理道德规范体系。中国传统社会是以家族为本位的宗法社会，血缘人伦关系是宗法社会中最基本的人际关系。在宗法社

---

[1] 许倬云：《西周史》（增订本），生活·读书·新知三联书店1994年版，第317页。

会里，道德的威力始终被看得比法律更有效。这种情况决定了中国传统文化是一种以家族伦理为中心价值取向的伦理型文化。儒家对中国宗法制度下的人际关系进行了理论上的概括与总结，形成了一套完整的伦理道德观念和理论体系，构成中华文化意识形态系统的核心。儒家的伦理道德体系以"孝""仁""忠""义"为基本范畴，详细和明确地规定了宗法社会的人伦秩序，即"父子有亲，君臣有义，夫妇有别，长幼有序，朋友有信"。其中"仁"是儒家文化的最高的普遍原则，"仁"被作为协调人际关系和个人与社会关系的基本出发点和尺度。历代儒家学者为论证和完善这套伦理道德体系做了大量的工作，不仅使宗法制度的"礼治秩序"合法化和伦理化，而且通过它的教化功能，使人们把对"礼治秩序"的外在遵从内化为自觉的道德意识和行为准则。冯友兰先生指出："中国的家族制度，它的复杂性和组织性是世界上少有的。儒家思想在很大程度上便是这种家族制度的理性化。""儒家思想中的一大部分是这种社会制度的理性论证，也就是它的理论表现。经济环境成为这种制度的基础，儒家思想反映了它的伦理价值。由于这种社会制度是一定经济条件的产物，这些经济条件又是地理环境的产物。因此，对于中华民族来说，这个社会制度和它的理论表现都是自然而然的。正是因此，儒家思想成为中国正统的哲学。"[1]

（3）强化了中国传统文化的"大一统"意识。在中国的文化观念中，历来认为只有天下归于大一统，才会安宁下来。实际上，中国自商代开始，就有了一个形式上的"中央"。到秦汉时代，建立了统一的中央政府，实行封建专制主义的政治统治，同时也要求在思想上、在意识形态上实现统一。在这方面，儒家学说发挥了极为重要的作用。一方面，儒学被历代政府奉为官方的意识形态，为统一思想提供了一个可以普遍接受的基础。另一方面，在历代儒学中贯穿着一个基本精神，即"道统"观念。这种观念主张中国文

---

[1] 冯友兰：《中国哲学简史》，生活·读书·新知三联书店2009年版，第24页。

化在性质上的"一本性",强调"大一统为常道"。例如董仲舒说:"《春秋》大一统者,天地之常经,古今之通谊也。"(《汉书·董仲舒传》)许多儒家学者都自觉地把承续"道统"作为自己的使命和责任。中国文化传承久远,儒家思想历久不竭,固然有多种原因,但与儒家对"道统"观念的自觉与强化不无关系。

儒家思想是在华夏民族文化积累和华夏社会心理基础上形成的。经过自身的发展和社会的选择,它成为中国封建社会的统治思想,成为中国封建文化的核心,对汉民族乃至整个中华民族文化的发展产生了决定性的影响。儒家思想以农民世界观、伦理精神和"道统"观念为基调,精辟地总结了中国人的生活方式,概括了中国传统文化的基本价值取向和精神内涵,成为这一文化系统的无可替代的主体和代表。虽然历史上曾多次出现过反儒或与之抗衡的思想,虽然已经过几千年的历史筛选和沉积,后来的"儒家"已与"原始儒学"有许多不同,虽然我们今天的研究揭示出许多中国文化多元聚合的例证,但是,只要我们讲到传统文化,甚至只要我们讲到"中华文化",便离不开儒家和儒学,离不开对儒家思想的判断、评说和估价。儒家思想作为中国传统文化的主体和代表的文化地位,是我们无法回避的一个历史存在。

三 董仲舒对儒学的再创造

董仲舒提出"独尊儒术",儒家思想取代"黄老之学",一跃成为汉王朝的统治思想,儒家的地位发生了根本的变化。正因为董仲舒立下了"罢黜百家,独尊儒术"的不世之功,实现了两汉社会思潮的根本性转变,因而被汉儒尊之为"儒者宗",推崇备至。

董仲舒提倡的儒学,已经不是先秦儒学的本来面貌,而是经过一番改造,以适应汉王朝统治需要的儒家学说。

董仲舒（前179—前104年）是西汉前、中期之间最著名的儒学大师。他不仅在政治上通过阐释儒家经典《公羊春秋》中的"微言大义"，为汉武帝建立专制主义中央集权的大一统的汉帝国提供了理论依据，实现了儒学与君权的结合，而且高举"崇儒更化"的旗帜，以孔孟儒家思想为主，兼采各家有利于巩固封建统治的思想，构建了一个庞大的且较为严密的思想体系，完成了汉初以来对儒学思想体系的重构。他既要坚持先秦儒学的核心精神，又要顺应时代变化与时俱进，这需要综合前代思想成果，考察现实社会问题，在学术与现实生活的互动中创造出新的儒学思想体系。董仲舒坚持先秦儒学以仁义为中心的学说体系，但他又积极参与现实，广泛吸收诸子学说的精华。这就使得董仲舒儒学无论在理论框架的构建方面，还是在具体的政治思想设计方面，都呈现出宏大开阔、兼容并蓄的重要特色。所以，"董仲舒所谓的'独尊儒术'，是汲取了众家之长基础上的'独尊'；而所谓'罢黜百家'，也是百家之长被汲取前提下的'罢黜'。"[1]

董仲舒学说的具体内容，是根据先秦儒家的"天人合一"思想、法家的集权思想和阴阳家的"五德终始"说，重新解释儒家经典，建立了一套以"天人感应"说为基础，以"三纲五常"为核心的儒学思想体系。因此，董仲舒提倡"独尊儒术"，本质上是对先秦儒学理论的再创造。

董仲舒的"天人合一"说把"天"说成是有意志、有赏罚、有绝对权威的至上神，是上天和人世的最高主宰。"天"不仅创造了人类，还为人类安排了君主。帝王受命于天，是秉承"天意"统治天下的。君王的权位既受命于"天"，则代表的是"天"的意志和权力，可以主宰人世、统治百姓。

另一方面，董仲舒还提出"天人感应"说，认为，天能干预人事，人的行为也能感应上天，自然界的灾异和祥瑞表示着对人们的谴责和嘉奖。"天"

---

[1] 龚书铎总主编，黄朴民等著：《中国文化发展史》秦汉卷，山东教育出版社2013年版，第46页。

薪火相传 ——儒家文化传承的制度安排

扬州古城董子祠

可以通过祥瑞或灾异，表示对君主为政得失的意见。当君主受"天命"或有"功德"时，就会出现麒麟、凤凰、灵芝、甘露以表示喜庆和褒奖，这就是"祥瑞"；反之，如果君主政事不修或者国家衰亡之时，就会出现山崩、地裂、灾荒和日、月食等灾异现象，以示"谴告"。灾异谴告，是出于"天"对君主的爱护，是要求君主按"天意"行事，否则就要受到"天"的惩罚。而"天意"的主旨是任德不任刑，所以董仲舒要求君主要顺天而行仁政，不可逆天而行暴政。

董仲舒还提出"天道不变"说。他认为，帝王的统治秩序和伦理道德，是从"天"那里来的，"天"是不变的，所以帝王的统治秩序和伦理道德也不会变化。"道之大原出于天，天不变，道亦不变。"朝代的更替和制度的改变，都是周而复始的，其本质如故。国都的搬迁，称号、正朔、服色、年号的更改，不过是新帝王即位，重新受命于"天"的表示。

在伦理道德方面，董仲舒用阴阳五行说论证儒家仁义道德、纲常名教，明确提出了君为臣纲、父为子纲、夫为妻纲的"三纲"思想，并把它归之于"天意"。在他看来，"阳尊阴卑"，所以"臣、子、妻"必须绝对服从于"君、父、夫"。董仲舒还把先秦时期已经提出的"仁""义""礼""智""信"五个道德范畴，概括为伦理学上的"五常"。五常是个人的品德,三纲则是社会伦理。

董仲舒的"三纲五常"的伦理道德学说,将中国封建社会的伦理规范系统化。这一体系,不仅从主体修养的角度,解决了日常行为规范的价值准则问题,而且以家国一体的宗法伦理解决了社会政治秩序与家庭伦理亲情的融合问题。从价值行为准则的层面,强调人们恪守自己的社会位置,使整个社会处于有序状态中。[1] 因此,"三纲五常"具有很大的道德教化功能,对于中国封建社会道德传统的发展传承发挥了很大作用,仁、义、礼、智、信以及孝道等儒家观点逐渐成为中华民族所特有的道德伦理观念。不仅如此,"三纲五常"还对于封建文化的建设起到了整合的作用。它对于统一多民族文化的形成,对于强调整体和谐的思维方式和社会心理的成熟,对于民族凝聚力的增强,都起了积极的作用。

四 "独尊儒术"是一项系统工程

董仲舒向汉武帝提出"独尊儒术"的建议,适应加强专制主义中央集权的需要,因而得到了汉武帝的赞赏。

"'独尊儒术'是一个系列的文化工程,"包括"孔子地位的升格与神化,儒学与经学的汇合,创立适应时代要求的汉代新儒学,儒家学说的意识形态化和制度化。"[2] 此后,汉武帝大力提倡儒学,使察举贤良文学制度化,为之以官爵,奉之以利禄,询之以议论;设立"五经博士",同时罢废其他诸子博士;设立太学,以儒家经典教育生员,"以养天下之士"。这些措施对于树立儒学的独尊地位都具有重要意义。钱穆指出,汉武帝设立"博士"

---

[1] 郑师渠总主编,许殿才主编:《中国文化通史》秦汉卷,北京师范大学出版社2017年版,第269页。

[2] 张立文主编,周桂钿、李祥俊著:《中国学术通史》秦汉卷,人民出版社2004年版,第85页。

制度,"将自秦以来的百家博士全取消了,而专设'五经'博士。专门物色研究古代典籍,注意政治、历史、教育、文化问题的学者,让他们做博士官,对现政府切实贡献意见。那辈讲求神仙长生、诗词歌赋、纵横策士,以及隐士与法律师之类的地位,则降低了,全部从博士官中剔除澄清。此即'排斥百家',在当时的情形下,不可不说是一种有见识的整顿,也不可不说是一种进步。"[1]

"独尊儒术不仅需要理论上的创造,更需要将学术与现实政治联系起来,使之意识形态化、制度化,只有这样,儒家经学才能真正成为官学,成为时代精神的代表。"[2]汉武帝实行了一系列神化皇权的措施,如行封禅之礼、太初改制、建立年号等等,还将儒家的理论渗透到政治、法律、文化等各个领域,使之成为制定各项政策的理论根据。经过朝廷的提倡,儒学成为官学,不仅体现在学术上的独尊地位,更重要的是它成为现实政治的指导思想,渗透到当时的礼乐制度建设之中,特别是博士官制度和太学的建立,更使儒家经学垄断了教育和官僚选任的途径,牢牢巩固了儒家经学独尊的社会政治基础。一方面,儒家经学由于官学的地位而得到广泛的传承发展,形成系统的知识体系和专门的学者队伍;另一方面,儒家经学的实质精神开始进入社会政治生活的方方面面,在皇族教养、官员选任、礼法建设上都发挥着指导作用。

汉武帝制定"罢黜百家,独尊儒术"的文教政策,是中国历史上和文化史上的划时代历史事件。冯友兰指出:"汉武帝和秦始皇都致力于从思想上统一中国,但武帝所采纳董仲舒的建议比秦始皇所采纳李斯的建议要温和得多。秦朝对各种哲学思想流派的方针是一律禁绝,造成思想界的真空。汉武帝则是在百家中扶植儒家,使它成为正统。"[3]自此,儒家思想一跃上升到

---

[1] 钱穆:《中国文化史导论》,商务印书馆1994年版,第102页。

[2] 张立文主编,周桂钿、李祥俊著:《中国学术通史》秦汉卷,人民出版社2004年版,第87页。

[3] 冯友兰:《中国哲学简史》,生活·读书·新知三联书店2009年版,第226页。

学术思想文化的主流地位，成为社会的统治思想，"形成了以儒家思想为主导的汉文化。这则基本格局，作为中华民族文化的最大特色，保存了两千余年"[1]。

这一政策几乎为以后各代统治者所遵奉，乃至整个中国封建社会的历史中，儒家始终道统不绝，占据中国思想文化舞台的中心，为历代王朝提供理论基础，并对我国文化教育事业的发展和中华民族的民族心理性格形成产生了重大影响。

确立儒家思想的主导地位，是这个时代一个特别重要的文化成就。这个主导地位从这时开始，一直持续了两千多年，至今仍对我们的生活产生着一定的影响。汉武帝"罢黜百家，独尊儒术"，是"儒家思想引导中华民族文化走向"的开端[2]。自此以后，儒家思想凭借封建国家机器的权威力量，而被广泛融化渗透到社会生活之各个层次、各个方面，从而成为社会各阶层普遍的心理认同，主宰或影响着一般人的思维模式和行为方式。从某种意义上说，它规范并决定了秦汉时代整个文化发展的主导特征与价值体系。而在儒家统领文化的格局确立后，哲学、史学、文学、教育、科学技术以及社会风俗等各个文化领域都越来越多地体现出儒家思想的影响。

我们看到，在汉代，儒家文化精神已全面渗透到当时社会生活的各个方面。这表现在具体的封建日常活动中，一举一动都严格遵循儒学的原理或广泛借用儒学的名目。当时，举凡朝廷的奏章或诏书，都大量引用六经或孔子之语，以证明其所作所为的合理性、必要性。这种情况代代传承，一直持续到明清时代，贯穿着整个中国古代社会，成为中华传统文化最有影响力和最有代表性的现象。

---

[1] 郑师渠总主编，许殿才主编：《中国文化通史》秦汉卷，北京师范大学出版社2017年版，第21页。

[2] 郑师渠总主编，许殿才主编：《中国文化通史》秦汉卷，北京师范大学出版社2017年版，第33页。

第四章 走上神坛：孔子的国家祭祀

一 走上神坛的孔子

我国古代非常重视祭祀，有所谓"国之大事，在祀与戎"之说。这句话出自《左传·成公·成公十三年》，是人们时常引用的一句话，意思是说，祭祀和战争是国家最重大的两件事情。《论语》在引用尧和商汤的话之后，也说治国之道所重之事有四件：百姓、粮食、丧礼、祭祀。

远在商周时代，祭祀就是十分重要的国事活动。商周祭祀鬼神、祭祀祖先，是国家重要的仪式。而自汉武帝提倡"独尊儒术"以后，孔子就从一个民间私学的教师，开始逐步走上神坛，成为崇拜和祭祀的对象。他的封号也不断加码，成为"至圣先师"。建孔庙、祭祀孔子，是中国古代重大的礼仪活动，是儒家文化代代相传的一项重要的制度性安排。绵延两千余年的孔庙祭祀，已成为中国文化史上非常独特的一种文化现象。顾炎武在《日知录》中说："古人每事必祭其始之人，耕之祭先农也，桑之祭先蚕也，学之祭先师也，一也。"有学者指出，历代孔庙从祀制无疑是一部钦定官修儒学史，十足体现了历史上儒学的正统观。

孔子去世后第二年（前478年），孔子的弟子为了纪念、缅怀老师，经鲁哀公下令，将曲阜阙里孔子所居旧宅改造为庙，即阙里孔庙，成为后世孔庙的雏形，开启了孔庙祭祀的历史。最初立庙是为了追慕悼念孔子，将孔子生前所居房屋三间改作寿堂，将孔子生前所穿过的衣物、乘过的车、用过的

汉高祖刘邦太牢祭孔图

琴等遗物收集于孔子生前故居内,以做纪念。但在孔门师生之间的这种"祭祀"活动,尚属于民间的祭祀活动。司马迁说,汉代之前,鲁国人已经有了对于孔庙的持续祭祀。《礼记》说:"凡始立学者,必释奠于先圣先师。"孔子逐渐被尊为"唯一"的夫子,地位凌驾于所有其他教师之上。

汉高祖十二年(前195年)十一月,高祖刘邦自淮南还京,经过阙里,以太牢祭祀孔子。同时封孔子九代孙孔腾为"奉祀君",专主孔子祀事。开皇帝亲祭孔子之先。但这时还只是将孔子当作一个杰出的思想家和教育家来纪念。

汉武帝以后,由于"独尊儒术",儒家学说一跃而成为官方的统治思想。自此以后,就有了国家对孔子的祭祀活动。此后一直延续到清末,绵延不绝。

就是在汉武帝时代,司马迁尊孔子为"至圣"。当时有些儒家甚至认为,孔子受命于天,继承周朝之后,开辟了一个新的朝代,这个朝代没有皇朝,也没有帝王，但孔子成为无冕的"素王"。孔子修《春秋》的本意，是代王者立法，有王者之道，而无王者之位，故称"素王"。甚至有人还认为，孔子是人间的一位神祇。

东汉时，孔子被称为"先师"，后来又被尊为先圣，被推崇到比君王更高的地位，成了君王们尊崇膜拜的对象。古代人认为，不仅君主是接受天命而立；师，也是天之所命。邵雍《观物篇》道，圣人"能以一心观万心，以一身观万身，以一物观万物，以一世观万世"。又谓其"心代天意，口代天言，手代天工，身代天事"。因此，先师也享受如同神灵一样的祭祀。

汉代祀孔都是在阙里孔庙。东汉以后，已在太学举行对孔子的释奠之礼，但尚未建庙宇。东汉明帝时，诏命祀先师孔子和先圣周公。明帝立辟雍，并于辟雍亲行大射礼、养老礼。《后汉书》记载："飨射礼毕，帝正坐自讲，群儒执经问难于前。"元始元年（1年），汉平帝追谥孔子为"褒成宣尼公"，孔子后人孔均为褒成侯，奉其祀。自此，孔庙愈受重视。东汉建武五年（29年），光武帝过阙里，命祭孔子。明帝、章帝、安帝均曾到曲阜祭祀。永兴元年（153年），汉桓帝下诏重修孔庙，任命孔和为守庙官，并立碑以记。据《阙里志》载："灵帝建宁二年（169年），祀孔子，依社稷。"也就是说，孔子享受和社稷神同样的规格。

汉代时曲阜孔庙由孔子嫡长孙四时祭祀，而官方祭祀则一年有两次，"春秋飨礼，财出王家钱，给犬酒直"（东汉《乙瑛碑》）。释奠是孔庙祭礼中规格最高的一种。曲阜孔庙举行释奠礼，除有皇帝亲临或御遣钦差外，例由衍圣公主祭孔子、四配，属官分祭十二哲、先贤、先儒、启圣祠、崇圣祠、寝殿、家庙等。

汉代以后的魏晋南北朝时期，历朝都推崇儒学，把儒学列为官方教育的主要内容。晋泰始三年（267年），命鲁国四时备三牲奉祀孔庙，至清代仍于每年四仲月举行。魏晋之际，皇太子学通一经之后，即于辟雍行释奠礼，以太牢祀孔子，颜渊配享。拜孔揖颜之礼更多是在国家太学举行，往往是国子监祭酒负责典礼。刘宋元嘉二十二年（445年），太子释奠，采用晋的旧制，并撰写释奠仪注。皇太子释奠孔子用乐奏登歌，此为释奠孔子用乐之始。礼毕，皇帝亲临，宴会群臣。梁陈之间，礼毕后皇帝会举行宴会，太子与群臣吟诗作赋。《隋书经籍志》上有"齐释奠会诗一十卷"。

这一点在十六国时期的"五胡"政权和北魏也是一样。据《十六国春秋辑补》，前秦建元七年，"坚行礼于辟雍，祀先师孔子，其太子及公侯卿大夫之元子，皆束脩释奠焉。"北魏王朝的统治者不但主动吸收儒学，自觉儒化，而且积极推行儒家礼仪制度，多次祭奠孔子，延请大儒为皇帝讲经，公开高举儒家旗帜。北魏王朝建立后，道武帝告令天下，收集经书作为治国的方略。又立太学，置五经博士，以儒学作为他立国的理论依据。明元帝本人"非礼不动""礼爱儒生"，首次"祀孔子于国学，与颜渊配。"皇兴二年（468年），献文帝"以青、徐既平，遣中书令兼太常高允奉玉币祀于东岳，以太牢祀孔子。"

北魏崇儒之风在孝文帝拓跋宏时达到了高峰。中央官学之内建置孔庙，始于孝文帝之际，是推行的推崇儒学的重要举措。如太和十三年（489年），

曲阜孔子墓甬道

立孔子庙于京师。十六年（492年），"改谥宣尼曰文圣尼父，告谥孔庙"。十九年（494年），孝文帝南下鲁城时，亲祀孔庙。不久，又"诏拜孔氏四人、颜氏二人为官"，又诏选诸孔宗子一人，封崇圣侯，邑一百户，以奉孔子之祀。

东魏孝静帝兴和元年（539年）兖州刺史李珽修建孔子及十弟子容像，立碑于庙廷。北周学习南朝的制度，武帝曾下诏："诸胄子入学，但束脩于师，不劳释奠。释奠者，学成之祭。自今即为恒式。"北齐在给皇帝讲经后或皇太子学通一经后，须释奠于孔庙。此外，新立学校与春秋二仲，都须行释奠礼。

到了隋代，隋文帝一面崇儒，一面兴学，自京都至州县均设学校。文帝还亲至国子学参加释奠礼，奖励国子生，考选国子生为官。《隋书》记载，"隋制，国子寺每岁以四仲月上丁，释奠于先圣先师。州郡学则以春秋仲月释奠。"

二 唐代的崇儒之风

唐朝建立后，明确提出"守成以文"的文教政策，推崇儒学，整理儒家经典，进一步提高了儒家学者的社会地位。

在唐代，孔子的地位不断提高，荣衔、封号接踵而来。唐朝诸帝都很重视弘扬儒学，从高祖到昭宗，皆亲临国子监释奠，皇太子释奠则更为常见。唐高祖在开国伊始，即"颇好儒臣"，除设立儒学外，于武德二年（619年）下诏兴仕崇儒，以周公为先圣，孔子为先师，于国子监各立庙一所，四时致祭。又于武德七年（624年）亲自到国子学参加"释奠"礼。并令僧、道和国子博士相互问难，因而使"学者慕响，儒教聿兴"。这是在文教政策上崇儒的重要标志。

唐太宗更是"锐意经术"，在其仕秦王时，就在王府内设立文学馆，召集名儒房玄龄、魏徵、杜如晦等18人为学士，共议天下大事，登位之后，"益崇儒术"。即帝位后，设立了弘文馆，选拔天下儒家学者虞世南、褚亮、姚思廉等各以本官兼学士,同他们讲论经文,商论政事。贞观元年(627年),唐太宗下令取消周公祠,专立孔子庙,升孔子为先圣,以颜回配享。这是中国历史上国家教育机构第一次专祭孔子之始,以后成为一项制度。自此,全国学校遍设孔子牌位,官学祭孔沿袭成习。贞观二年(628年)又大征天下儒士以为学官,令他们齐诣京城,分授不同官职,分布在国学走廊、孔庙内,甚是壮观。贞观四年(630年)诏各州县学皆立孔子庙。贞观十一年(637年)诏尊孔子为宣父,在兖州设庙。太宗还数次临幸国学,命国子祭酒和博士们"讲论经义"。学生凡通一经以上,都授予官职。这样一来,"四方儒生负书而至者,盖以千数","文治煟然勃兴"。唐太宗还令博士们给皇宫的御林军"玄武屯营飞骑"讲经学。史称:"儒学之兴,古昔未有也。"

贞观十三年(639年),唐太宗设崇贤馆,召集儒生研究经术。贞观十四年(640年)唐太宗诏求前代通儒子孙,特加引擢,并下诏优赏梁朝的皇侃、褚仲都,北周的熊安生、沈重,陈朝的沈文阿、周弘正、张讥,隋朝的何妥、刘炫等前代名儒。这一年,唐太宗还亲率百官至国学,命祭酒孔颖达讲《孝经》,对祭酒、博士及优等生分别赐帛。贞观十五年(641年)诏天下诸州,举儒术通明、学堪师范者,具以名闻。大量征集有学识的儒生为学官,大力提拔精

唐太宗像

通儒术的官员，让他们居于高位以奖励儒生学者。贞观二十一年（647年）诏以历史上著名的儒家、经学家22人配享孔子庙庭。由皇太子释奠，并作初献，以国子祭酒为亚献，以兖州刺史摄司业为终献。

唐太宗曾亲自著《帝范》21篇，阐述儒家的帝王术。他选择了儒学作为其建立统治秩序的主要思想工具，力图从儒学中寻求制度、方针、政策的理论依据。他宣称："朕今所好者，惟在尧、舜之道，周、孔之教，以为如鸟有翼，如鱼依水，失之必死，不可暂无耳。"（《贞观政要》卷六）唐初宰相魏徵领修《隋书》，其《经籍志》总序乃各部类小序，亦为魏徵亲撰，所谈到的对儒学的评价，应是代表官方的看法。该序说：

> 儒之为教大矣！其利物博矣！笃父子，正君臣，尚忠节，重仁义，贵廉让，贱贪鄙，开政化之本源，凿生民之耳目，百王损益，一以贯之。虽世或污隆，而斯文不坠，经邦致治，非一时也。涉其流者，无禄而富；怀其道者，无位而尊。

这一段话，明确指出了儒学对于国家政事与教化、君臣父子之人伦、仁义忠信之名节，甚至个人之富贫尊卑，都具有决定性作用。还认为无论世道或兴或衰，儒学系统都没有断绝，经受住了历史的检验；儒学"经邦致治"的功能，是由来已久的；把握了儒学，就能对历代"百王"之"损益"得失，做到一以贯之的通达认识。

太宗以后诸帝，也基本上都是尊崇儒术的。唐玄宗李隆基为太子时，就曾亲去太学大开讲论。即位后，又多次下诏州县及百官举荐通经的人才，并曾在秦坑儒的地方为遭难的几百儒生立祠宇，以示重儒，提高儒士地位，还以掌握儒术为用人标准。开元二十七年（739年）追封孔子为文宣王，孔庙称为文宣王庙。把孔子抬到了帝王的地位，并赠孔门弟子数十人为公、侯、伯。

次年，应国子祭酒刘瑗所请，释奠日群宫官道俗皆应赴国子监观礼，并定为常制。

唐朝尊崇儒术的文教政策，还体现在《唐礼》和《唐律》上面。唐代统治者十分重视礼的作用，屡次制"礼"，体现了孔子"道之以德，齐之以礼"的政教思想，以孝悌为礼教之本。《唐律》把儒家的伦理道德思想法典化，使儒家思想作为社会的统治思想具有了法律的保障。

三 孔庙与释奠礼

唐朝对曲阜孔庙进行了大规模整修和扩建。贞观十一年（637年），唐太宗诏兖州建阙里孔子庙。唐高宗乾封元年（666年），因旧庙简陋，高宗令兖州都督霍王李元轨"改制神宇"，对孔庙进行史上第一次的大规模改建。这次扩建，扩大了孔庙原先的范围，虽仍以"庙屋三间"为制，但庭院及外观大有改观。建筑采用多层斗栱，墙壁开窗，环以步廊于其四周。孔庙殿堂建于灵光殿旧址。唐玄宗开元七年（719年），又"树缭垣以设防"。孔子塑像居中坐北朝南，着王者服，外罩儒者衣。唐代宗大历八年（773年）新建庙门。

唐代的孔庙已初具规模。唐代以后，历代都对曲阜孔庙进行过扩建和维修，千年以来，孔庙总共经历大修15次，中修31次，小修数百次，终于达到现如今九进庭院的宏大规模。

贞观四年（630年），朝廷诏各州县学皆立孔子庙。从此之后，除曲阜孔庙以外，孔庙不但是学校不可分割的一部分，而且还是学校的中心地。学校孔庙的建筑属于宫殿式，庙宇朝南，基本上仿自曲阜孔庙。南方式建筑，以木材为主，装饰复杂，屋脊两端翘起；北方式建筑较为朴素，水平式屋脊，斗栱变化少。主要的建筑物包括大成殿、崇圣祠、东西庑、明伦堂、棂星门、

薪火相传 ——儒家文化传承的制度安排

曲阜孔庙大成殿

泮池等。

　　唐太宗时开始，在孔庙建立从祀制。在此之前，若以孔子为先圣，只以颜渊为先师配享。贞观二十一年（647年），诏以历史上著名的儒家、经学家左丘明、卜子夏、公羊高、谷梁赤、伏胜、高堂生、戴德、戴胜、毛苌、孔安国、刘向、郑众、杜子春、马融、卢植、郑玄、服虔、何休、王肃、王弼、杜预、范宁等22人配享孔子庙庭。唐玄宗开元八年（720年）初定十哲配祀孔子庙，在先圣庙树立孔子、颜回等十哲雕塑坐像，并在墙壁绘上七十位孔门弟子和二十二位贤人的画像。在东西二京，用太牢牺牲，一起举行祭祀，音乐规格为宫悬，舞为六佾。这一切已是仅次于天子的规格了。

到了宋代，从祀制度逐渐完备起来。其中最高的4位被称为"四配"，他们是颜回、曾参、子思和孟轲；孔子的10个优秀弟子："德行：颜渊，闵子骞，冉伯牛，仲弓。言语：宰我，子贡。政事：冉有，季路。文学：子游，子夏"，被称作"十哲"；再次是"先贤"，祭祀那些亲自接受孔子教导的弟子们；最后是"先儒"，祭祀孔子弟子以后历代最优秀的儒者。而后来的儒者，也以死后能够进入孔庙成为先儒的最高荣誉。宋以后到明清，从祀制定为配位（有四配）、哲位、先贤、先儒；哲位以下的人数，随时代而递增，分列在东西两庑。明代儒家学者王世贞说："太庙之有从祀者，谓能佐其主，衍斯世之治统也，以报功也。文庙之有从祀者，谓能佐其师，衍斯世之道统也。"从祀的标准，依清代的规定是"阐明圣学，传授道统"。

孔庙祭祀孔子，乃为尊祀其教、尊祀其道。孔庙以后儒配享、从祀，乃为衍续儒学道统。自唐以后，从祀孔庙之制，遂成为文人学者最高的荣誉。

孔庙的祭祀仪式，唐宋以后逐渐形成一套专用于孔庙的祭礼"释奠礼"。释、奠都有陈设、呈献的意思，指的是在祭典中，陈设音乐、舞蹈，并且呈献牲、酒等祭品，表示崇敬之意。"释奠"又称"丁祭"，原为古代学校的祭祀典礼。荀子《礼论》把"礼"最核心的内容归结为"天地""先祖""君师"三项，他说："礼有三本：天地者，生之本也；先祖者，类之本也；君师者，治之本也……故礼，上事天，下事地，尊先祖而隆君师，是礼之三本也。"释奠属于"三礼"中的"君师"之礼。周代的官学中，就有释奠先圣先师的礼仪，《礼记·文王世子》记载："凡学，春，官释奠于其先师，秋冬亦如之。凡始立学者，必释奠于先圣先师"。天子出征返国或天子视学，都须行释奠礼。

唐代的释奠礼在前代的基础上有所损益，在具体的细节上则糅合了南朝

薪火相传——儒家文化传承的制度安排

的制度。这种祭仪规定在每季度的仲月（春夏秋冬四季仲月即农历二、五、八、十一月）上丁日举行，届时孔庙供奉的历代圣贤大儒都会与孔子一起受到祭祀。《唐六典》国子监条："凡春秋二分之月，上丁，释奠于先圣孔宣父，以先师颜回配。七十二弟子及先儒二十二贤从祀焉。祭以太牢，乐用登歌，轩县，六佾之舞。"与前代相比，唐代释奠礼的特点之一是：不仅讲论儒家经典，而且兼及佛道两家，三家辩论经义。唐以前的讲经还是限于儒家经典。唐代释奠礼的另一特点是：不仅奏陈雅乐，而且有京兆府供食、教坊杂乐倡优助兴。这种用教坊杂乐的风俗，一直延续到宋朝。

曲阜孔庙鸟瞰图

祭孔大典，是一种主要包括乐、歌、舞、礼4种形式的庙堂祭祀乐舞，以乐、歌、舞配合于礼，是孔庙释奠礼的重要组成部分。乐、歌、舞都是紧紧围绕礼仪而进行的，所有礼仪都要求"必丰、必洁、必诚、必敬"。有"闻乐知德，观舞澄心，识礼明仁，礼正乐垂，中和位育"之谓。此乐舞仅限于如"国祭""丁祭"等重大祭孔大典时使用。古代祭孔乐舞所用音乐的曲谱、宫调和舞蹈的舞谱图示均有皇帝审定钦颁，其他任何人不得擅自更改。

唐高祖武德九年（626年），皇帝命太常寺祖孝孙、协律郎窦琎等人取"大乐与天地同和"之意制作"大唐雅乐"十二章，又称"十二和"。包括了全部御用乐舞，祭孔乐舞属于十二和的组成部分。贞观年间，协律郎张文收奉诏与起居郎吕才再行考证律吕，规定祭孔释奠用"登歌"、奠币乐奏《肃和》、入豆和彻豆（豆是古代的祭祀礼器）乐奏《雍和》，舞蹈则有文舞和武舞。唐玄宗开元二十二年（734年），增"十二和"为"十五和"。见于《全唐诗》中释奠文宣王乐章有七章，分别是《诚和》《承和》《肃和》《雍和》《舒和》《迎神》《送神》。这七章是：

诚和

圣道日用，神几不测。金石以陈，弦歌载陟。

爰释其菜，匪馨于稷。来顾来享，是宗是极。

承和

万国以贞光上嗣，三善茂德表重轮。

视膳寝门遵要道，高辟崇贤引正人。

肃和

粤惟上圣，有纵自天。傍周万物，俯应千年。

旧章允著，嘉赞孔虔。王化兹首，儒风是宣。

雍和

堂献瑶篚，庭敷璆县。礼备其容，乐和其变。

肃肃亲享，雍雍执奠。明德惟馨，苹蘩可荐。

舒和

隼集龟开昭圣列，龙蹲凤跱肃神仪。

尊儒敬业宏图阐,纬武经文盛德施。

迎神
通吴表圣,问老探真。三千弟子,五百贤人。
亿龄规法,万载嗣禋。洁诚以祭,奏乐迎神。

送神
醴溢牺象,羞陈俎豆。鲁壁类闻,泗川如觏。
里校覃福,胄筵承祐。雅乐清音,送神其奏。

以后历代,孔子释奠都有祭孔乐舞,但历代制定的祭孔乐舞均有所不同。宋太祖建隆元年(960年),命太常寺、翰林院学士窦俨等人制作祭祀乐舞,祭祀文宣王用《永安》之乐。宋徽宗崇宁四年(1105年),专门设置了"大成乐府",主持制定祭孔乐舞。金元明清都对祭孔乐舞有所修订。随着历代帝王的褒赠加封,祭典仪式日臻隆重恢宏,礼器、乐器、乐章、舞谱等也多由皇帝钦定颁行。历代帝王或亲临主祭,或遣官代祭,或便道拜谒,总计达196次。

四 遍布各地的孔庙

各地各级的孔庙分为礼制性庙宇和非礼制性庙宇,但凡列入国家祭典的孔庙都是礼制庙宇,孔子后代的家庙、孔子活动过的地方所建的纪念性庙宇以及书院内的祭祀庙宇等是非礼制庙宇。所谓礼制庙宇,就是由国家的力量予以倡导和推行,它的建筑模式、体量、色调以及祭祀的内容、等级等等,都必须遵循国家认可的规范和准则。在孔庙系列中,太学国庙和曲阜祖庙处于最高等级，而府之庙学又高于县之庙学，但同为孔庙，无论级别高低，其精神如一，在建筑构成和祭祀活动上大体都遵循一套共同遵守的原则。

宋初各地的孔庙，经唐末五代长期战乱的破坏，大多毁为废墟，就连一向被奉为圣地的曲阜孔庙，也只残剩一幅"触目荒凉，荆榛勿剪；阶序有妨于函丈，屋壁不可以藏书"的景况（清王昶辑：《金石萃编》卷一二五，《大宋重修兖州文宣王庙碑铭》）。宋太祖即位的当年建隆元年（960年），即诏令增葺开封文宣王庙祠宇，塑绘先圣亚圣、十哲、七十二贤及先儒二十一人的像，又亲自撰写孔子、颜回真赞。建隆三年（962年）诏祭孔庙，用一品礼，立十六戟于庙门。京兆长安孔庙的重修也开始进行。王彦起任京兆府尹时，主持整修文宣王庙，自出俸银，修饰、扩建庙内讲学黉舍及安置《开成石经》与藏书的府库、堂宇，并刊石《重修文宣王庙记》，以昭示天下与后世。宋初还设立专为皇帝讲儒家经义的讲席（经筵），以翰林侍讲学士、侍读学士及崇政殿说书等充任讲官，显示了倚重儒家文化的意向。

太平兴国八年（983年），太宗诏谕大臣，自谓嗣位以来，虽遍修群祀，而以鲁国夫子庙堂未加修葺为憾，命令大臣着手重修曲阜孔庙，并指出，若孔庙无大壮之观，则民无所观化。宰相吕蒙正亲撰碑铭，盛称："夫子无位立教，化人以文行忠信，敦俗以冠婚丧祭，为民立防，与世垂范；用之则昌，不用则亡。"（《金石萃编》卷一二五）

重建东京开封、京兆长安及兖州曲阜的文宣王庙，对于全国各地孔庙的修复工作和文教活动，具有政策导向和示范性的作用，为恢复儒学的正宗统治，进一步实施尊孔崇儒的文教政策，奠定了象征性的物质基础。太宗还打破科举常例，诏赐孔子后裔孔士基同本科出身，以此作为褒奖先圣后裔的象征。又正式赐封孔子后裔孔宜袭文宣公爵位，官拜右赞善大夫。恢复以前历朝优待孔氏家族的惯例，免除孔氏家族租税。

大中祥符元年（1008年），宋真宗泰山封禅归途，又前往曲阜，亲临孔庙祭奠，诏封孔子为"至圣文宣王"，孔子以下七十二子也依次封谥公侯伯爵。同时，赐孔子 46 代孙同学究出身。宋真宗御制《至圣文宣王赞》，表达了崇儒尊道，志在易俗化民，仰师彝训的意图，称孔子为"亿载之师表"："立言不朽，垂教无疆……人伦之表，帝道之纲"。不久，赐曲阜元圣文宣庙九经三史，又赐太宗御制御书 150 卷藏于庙中书楼。二年（1009 年）春二月，诏立孔子庙学舍。诏令兖州选儒生讲说，以此重振孔庙学。宋末学者熊鉌说："尊道有祠，为道统设也。"同年三月颁孔子庙桓圭一，加冕九旒，服九章，从上公制。夏五月诏追封孔子弟子，秋七月加左丘明等十九人封爵。三年（1010 年）颁释奠仪注及祭器图，建庙学。

在元朝建立之前，元太宗窝阔台占领燕京，即接受宣抚王楫的建议，将全国的枢密院改成宣圣（孔子）庙；后又诏令各路、州、府、县修复孔庙；并诏以孔子五十一世孙孔元措袭封衍圣公，付以林、庙地。元太宗还优待和重用儒生。中书令耶律楚材曾奏请元太宗考用儒臣，实行儒教。他说："制器者必用良工，守成者必用儒臣。儒臣之事业，非积数十年，殆未易成也。"又说："君父教臣子，亦不令陷不义。'三纲五常'，圣人之名教，有国家者莫不由之，如天地之有日月也。岂得缘一夫之失，使万世常行之道独见废于我朝乎！"

元世祖忽必烈崇尚儒家学说，任用各族儒士，注意用儒家经籍教育培养蒙古国子弟。他身边的主要谋臣大多尊信理学，甚至是著名理学人物，如许衡、张文谦、王恂等人。他们协助忽必烈立朝仪、定官例、颁典章。以程朱理学为主要内容的儒学观念渐被元蒙统治者接受，并用而行之，为理学在全国的广泛传播和迅速发展起到了积极的作用。蒙古世祖中统二年（1261 年）元月，诏令各地："宣圣庙，国家岁时致祭，诸儒月朔释奠，常令洒扫修洁。今后禁约诸员使臣军马，无得庙宇内安下，或聚集理问词讼及亵渎饮宴，工匠于其中营造，违者严加治罪。"并对在孔庙中孔子及先哲的位置排列和祭祀的

北京孔庙

礼仪作出明确的规定。同年八月,"命开平守臣释奠于宣圣庙"。至元四年(1267年)正月,"敕修曲阜宣圣庙",五月,"敕上都重建孔子庙"。在祭孔时,孔子与三皇、社稷、风雨雷师的祭祀相同,春秋两祭,享受最高的礼遇。

元成宗即位之初(1294年),尚未改元,即诏令"中外百司官吏人等,孔子之道,垂宪万世,有国家者,所当崇奉。曲阜林庙,上都、大都,诣路、府、州、县、邑庙学、书院,依照世祖皇帝圣旨……施行。"到了元武宗即位(1308年),进而加封孔子为"大成至圣文宣王",为立碑碣,颂扬"先孔子而圣者,非孔子无以明;后孔子而圣者,非孔子无以法。"

明清两代继承了传统的统治经验,大力提倡儒学,极力尊崇孔子,规定诸生必须学习儒家经典,同时坚持祭孔活动。明初,朱元璋尊孔循礼,规定每年仲春和仲秋的第一个丁日,皇帝降香,遣官祀于国学。以丞相初献,翰林学士亚献,国子祭酒终献。

至清代,祭祀孔子更是隆重盛大。清代开国之初,就在京师国子监建立文庙。庙内有大成殿,专门用来每年举行祀孔大典。文庙中还有启圣祠,燎炉、瘞坎、神库、神厨、宰牲亭、井亭等设施。祀礼规格又上升为上祀，奠帛、读祝文、三献、行三跪九拜大礼，与天、地、社稷和太庙的规格平起平坐。摄政王多尔衮便以皇帝的名义颁布诏书，册封孔子第六十五世孙孔允植仍袭衍圣公，又追封孔子为"大成至圣文宣先师"，多尔衮还亲自到孔庙行礼。顺治三年（1646年）四月，又在陪都沈阳重修孔庙，规定每年二月和八月由大学士代表皇帝主祭孔子。顺治八年（1651年）派人去孔子的家乡曲阜视察孔府，拜谒孔庙、孔林，举行隆重的祭孔大典，表示对孔子和孔学的尊崇。次年（1652年）九月，顺治皇帝还亲自到太学拜谒孔子木主，举行释奠礼，把尊崇儒学的活动推向高潮。

康熙皇帝即位之后，遵循乃父的遗志，仍奉儒学为宗。康熙八年（1669年），康熙皇帝亲政前夕，他排除了权臣鳌拜的阻挠亲率礼部大臣到太学视学，在孔子木主前行三跪六叩之礼，向国子学的师生们大讲孔子之学的广大高明。接着又恢复了孔、颜、曾、思、孟五圣直系后裔作为"圣裔监生"不经考试进入国子监读书的制度。他还在宫中特建养心殿，作为专门祭祀孔子的场所。"南巡"时还多次去曲阜拜谒孔庙，举行祭孔大典。而乾隆皇帝先后8次亲临曲阜拜谒孔子。

至明清时代，遍布全国的孔庙已有1560余座，尚不计海外为数众多的孔庙。孔庙又被称作文庙、夫子庙、文宣王庙等，尤以文庙之名更为普遍。其中南京夫子庙、曲阜孔庙、北京孔庙和吉林文庙并称为中国"四大文庙"。孔庙数量之多、规制之高，建筑技术与艺术之精美，在我国古代建筑类型中，堪称是最为突出的一种，是我国古代文化遗产中极其重要的组成部分。

孔庙祭祀制度存在并延续了两千多年，是古代中国尊崇孔子最为直接的方式。历代王朝对于孔子的褒封和祭祀，起到了引导士子、推动文化、弘扬教化等方面的作用。

第二篇 教育与科举

第五章 以儒学为核心的教育体制

一 以儒学为核心的官学教育

中华民族的教育起源很早。到西周时，教育体制已初具规模。西周已经出现了相对独立的学校教育机构，并有了从王室到诸侯列国大体连贯的学校教育网络。在此基础上，西周还形成了以礼乐为核心的教育内容。这种内容逐步扩展深化，最终形成了较完整的六艺教育的课程体制，奠定了中国古代教育的底蕴，其后又经以孔子为代表的先秦儒家学派的继承和发展，对中国几千年的古代社会教育产生了深远的影响。

西周时期的知识传授，是以诗书礼乐之类的人文知识为主，诗书礼乐等人文方面的知识在知识系统中占据了主导地位。国学教育的内容包括德、行、艺、仪等四个方面，而以礼、乐、射、御、书、数等"六艺"为基本内容。礼教是有关政治、宗法、人伦道德规范礼仪等方面的知识教育；乐教主要是学习有关宗教祭祀乐舞的知识，包括音乐、舞蹈、诗歌等等；射、御是培养武士的教育；"书"指书写文字，"数"指计算、算法。书、数是基础文化课，是有关读写算的知识教育。在大学以诗、书、礼、乐为重点，《礼记·王制》说："春秋教以礼乐，冬夏教以诗书。"在礼乐射御书数这六艺中，西周最重礼乐教育，认为"乐所以修内""礼所以修外"，"安上治民，莫善于礼；移风易俗，莫善于乐"。礼乐之教，是最高境界的道德学问，是学为人君、治理天下所必备的修养。前引章太炎所说："《诗》《书》《礼》《乐》，

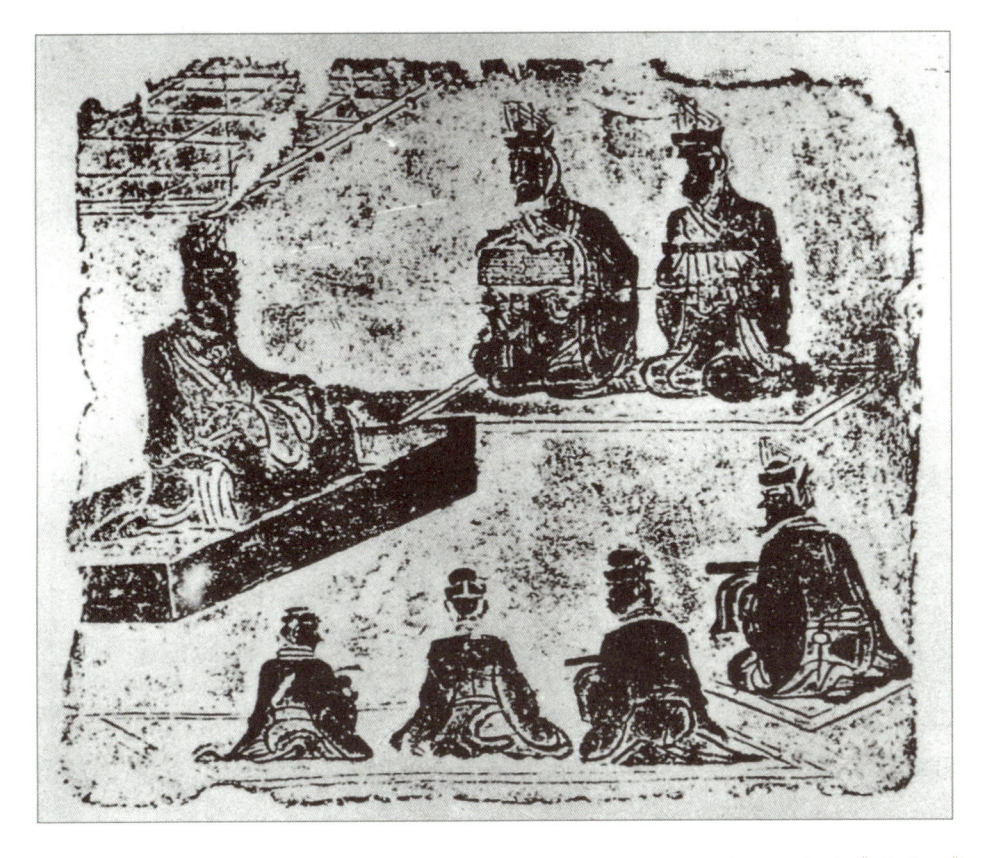

东汉画像砖《讲学图》

乃周代通行之课本。"被后代称为儒家经典的"五经",在周代已经是基本的教育内容。

自汉武帝提倡"独尊儒术"以后,一直到清代末期的两千多年里,无论是官学还是私学,无论是书院还是乡学,都把儒家经典作为主要的课程,作为选官制度的科举制,也是把儒学作为主要的考试科目。这是儒家思想得以传承的一项非常重要的制度性安排。儒学的"独尊",首先是在教育领域获得了独尊的地位,历代读书人也就都成为"儒生"。

汉代教育确立了中国封建教育的雏形,特别是汉代教育的宗旨、官学和私学的设施、教育的内容、组织形式和教学方法等,均为后世整个封建时代的教育奠定了坚实的基础。中国封建教育的一些主要特点，如教育为封建政治服务——培养官吏和实行教化，道德教育的支配与主宰地位，以儒家经典为主要的教学内容，多种形式的办学途径，学校教育作为整个社会的组成部分，养士与取士相结合，"学而优则仕"的制度化，贵诵记、精读专攻的教学方法等，在汉代教育中都已显见端倪。

汉代提倡"独尊儒术"，专以儒家经术和儒家倡导的伦理道德作为选拔人才的主要标准。董仲舒向汉武帝建议的三大文教政策，即"罢黜百家，独尊儒术""兴太学，置明师""重选举，广取士"，建构出一个"教育—选士—尊儒"的利用学校教育来为官方正统的意识形态服务的有效模式。这一教育政策起到了借儒术独尊来保证政治法纪、思想意识的"大一统"的作用。"教育—选士—尊儒"，一方面，它使先秦儒家"学而优则仕"的思想有了制度化的保证，另一方面，学校成了儒学传播的专门场所，士人也都变成了儒生。官吏的文化程度和儒学的修养水平受到高度的重视，造成汉代"公卿大夫士吏彬彬多文学之士"（《汉书·儒林传》）的局面，即从皇帝丞相一直到地方官，都会讲经学。

在西汉时期形成了我国封建官学制度基本格局：分中央官学与地方官学两类；有初等教育（庠、序），中等教育（学、校），高等教育（太学）三级；以儒学为主体，官立学校为主干，兼有其他专业教育和职官教育。

汉武帝元朔五年（前124）创建太学，标志着我国封建官立大学制度的确立。汉代太学初建时规模很小，只有几个经学博士和50个博士弟子。至汉代中期昭帝、宣帝时，太学得到一定的发展。东汉质帝时，太学生多至3万人，这种情况一直延续到东汉末年。"相距不到三百年，学员增加至600倍，那种惊人的发展，可以想到这一个制度在当时所发生的影响。"[1]

汉代太学创立了我国古代传统的教学形式和管理方式，即以经师讲学为

---

[1] 钱穆：《中国文化史导论》，商务印书馆1994年版，第103页。

主，学生互教为辅，注重考试和自学。太学的教授称博士，其主要职责是"掌教弟子"，学生称"博士弟子"。博士必须德才兼备，要有"明于古今""通达国体"的广博学识，具有温故知新的治学能力，应当为人师表，使学者有所"述"，又可以尊为道德的风范。太学博士多为一代名儒，对儒经都有专门研究，他们说经具有讲学性质，使太学在其初创阶段就有了学术性。两汉以来，凡国家所设立的学校都是以学习儒家经典为主。汉代中央官学除鸿都门学外，太学、宫邸学以及地方官学，其中包括郡县道邑所设立的学、校、庠、序都是以学习儒家经书为主的经学学校。

汉代的地方官学与行政区划是相一致的，分别称为学、校、庠、序。由课程设置可知，学与校程度相当，有经师之设；庠与序程度相当，有《孝经》师之设，比学、校低一级。蜀郡守文翁为改变当地落后的风习，选拔县郡小吏中的优秀之士，派遣京师，受业博士，学习儒经和汉代的"律令"，学成归蜀，从而引进了中原先进的文化。与此同时，文翁又在城都市创设官立学府（谓之"学宫"），收生招徒，免除他们的徭役，学成之后授以重任。他还采取了各种诱奖进学的办法，取得相当的社会影响。文翁兴学，有显著效果。此事得到汉武帝的赏识，诏令全国"郡国皆立学校官"。作为由朝廷统一管辖的地方官学，自此产生。汉元帝时，由于郡国学有所发展，朝廷颁布"郡国置'五经'"。东汉时期，郡国学设置比较普遍，边陲僻壤都建了学校，例如西北的武威、东北的辽东、西南的九真等地都设立了郡国学。

汉代之后，官学的教育体制得以延续和发展。十六国时期，各个政权也都建立了自己的官学教育。如前赵"立太学于长乐宫东，小学于未央宫西……选朝贤宿儒明经笃学以教之。"太学的教师为"宿儒"。后赵立太学于襄国，"简明经善书吏，为文学掾，选将佐子弟三百人教之。"前秦的苻坚于即位之初即大兴学校，创办太学，并召郡国学生通一经者和公卿以下子孙入校学习。苻坚的教育思想是进行正统的儒家经典教育，玄学和佛学一概被视为"非正道",禁止讲授。汉代部分教育选举措施在前秦也得到恢复。前秦学校教育是十六国时期北方教育发展的一个高峰。史称"永嘉之乱,庠序无闻,及坚之僭,颇留心儒学,王猛整齐风俗,政理称举,学校渐兴。关陇清晏,百姓丰乐。"整个十六国时期,学校教育的持续性被打乱,各国的教育状况参差不齐,但是以儒学为核心的传统教育并未断绝,无论各少数民族政权或汉人建立的政权,均视儒学为教化的重心,并且都是继承两汉以来的办学传统,以儒家思想,特别是经学为主要教学内容。北方诸族所创立的政权,坚持以中华传统文化的核心内容儒家文化为教育的主要内容,是这一时期中华传统文化得以传承的一个重要原因。

北魏建立以后,学校教育从体制上可分为中央国学(太学)和地方乡学。太学置《五经》博士生员千有余人,并征北方名流范阳卢玄、博陵崔绰、赵郡李灵、河间邢颖、渤海高允、广平游雅、太原张伟等为博士,并令各州郡荐举才学之士,儒学由此而兴旺起来。北魏中央官学的课程以儒家经学为主,给予经学高度重视。

东晋时,南方一个名为王导的人在晋元帝即位后不久即上书主张"建明学业""以训后生""择朝之子弟并入于学,选明博修礼之士而为之师"。稍后不久,散骑常侍戴邈也上书兴学。王导和戴邈均从儒家思想来匡正时俗,笃道崇儒,反映了中国传统教育的核心始终未离开经学。建武元年(317),元帝"置史官,立太学"。大兴二年(319)又置博士员5人,并使皇太子于太学讲经行释奠礼。东晋太学或国子学的教学仍采取设博士教学的方法。博士不复分掌"五经",而总称为太学博士,在博士下设助教以教生徒,课程设置为古文经学。

南朝的历代政权,都以儒学教育为核心。宋文帝元嘉十九年(442),下诏"大启庠序""广训胄子",并要求鲁郡修学舍,采召生徒,重新整修孔子坟墓,蠲墓侧数户以供洒扫,种松柏600株。次年国子学正式开学。著名儒家学者何承天"以本官领国子博士",太子于国子学讲《孝经》。元嘉兴学如沈约所评"亦一代之盛也"。南齐朝建元四年(482)诏具体规定国学"置学生百五十人"。永明三年(485)正月又下诏立学。齐武帝对国子学十分关注,永明四年(486)三月,他亲临国子学讲《孝经》。通过君臣努力,南齐"由是衣冠翕然,并尚经学,儒教由此大兴。"

二 熹平石经与正始石经

汉代文具虽然已有缣帛、纸、笔,但是使用并不普遍。在书写出版相当困难的汉代,大师们的"经说"难于书诸简牍,多是师师相传,学习儒学就必须从师,经师讲学也就成为汉代大学的主要教学形式。经师讲学有专门的讲堂,据说洛阳太学的讲堂"长十丈,广三丈",还有内外之分,称"内外讲堂",可以得知当时讲学的规模宏大。

为了确保师师相传的经说不走样,汉代规定传授经书必须信守"师法"与"家法"。所谓"师法",是指传经时以汉初立为博士的经师的经说为准绳,例如《公羊春秋》

东汉《熹平石经》拓片　洛阳金石文字博物馆藏

就以董仲舒所传的经说为师法。师法强调的是学术的师承关系。后来，大师的弟子们在传经时，又有所发展，形成一家之言，并得到学术界的认可，具备了独立授徒的资本。这些新形成的经说，就叫"家法"。例如后汉就有"颜氏公羊"与"严氏公羊"两大家。朝廷对信守"师法"和"家法"的要求很严格。

东汉熹平四年（175），发生了镌刻石经立于太学门外的盛举，初步解决了统一经书的问题。

儒学被定为官学，必须有一部标准本作为评定正误的依据，然而，皇家藏书楼里的标准本"兰台漆书"却由于腐坏而遭偷改。鉴于此，熹平四年（175），议郎蔡邕向汉灵帝提出校正经书、刊刻于石的奏请，获灵帝允许。于是，参校诸体文字的经书，由蔡邕等书石，镌刻64碑，碑高1丈许，广4尺，历时8年完成。所刻经书有《周易》《尚书》《鲁诗》《仪礼》《春秋》和《公羊传》《论语》，共200911字。其字体俱为隶书，故又称"一体石经"。

当年，熹平石经曾轰动京师洛阳，甚至轰动全国。石经刻成，被竖立于太学门外太学讲堂（遗址在今河南偃师朱家圪垱村）前，"其观视及摹写者，车乘日千余两（辆），填塞街陌"。

熹平石经规模浩大，气势恢宏，是东汉时期尊崇儒学、经学发达等诸多社会历史原因所造就的文化瑰宝，作为我国历史上最早的儒家经典石刻本，对人们校对版本、规范文字提供了准确的范本。这对纠正俗儒的穿凿附会、臆造别字以及维护文字的统一起了积极作用。

熹平石经是中国刻于石碑上最早的官定儒家经本。是我国古代由政府统一颁布的第一套标准教材，是经学发展史上第一部公之于世的官定经书。以印刷术尚未发明，人们读书学习专靠手抄传写的汉代来说，刻石树碑于首都街头，供人们自由阅读、传抄，这不仅给当时人们学习提供了方便，而且对"五经"典籍的校正流传都有深远的影响。

曹魏在洛阳立国后，太学再度繁荣起来。曹芳继承皇位后，决心整理"熹平石经"碑石，并刻经石作为补充。刊刻石经的主要目的是"台省有宗庙太府金墉故事，太学有石经古文先儒典训，"以弘儒训，以重儒教。于是，从正始二年（241）开始刻制，称"正始石经"。石经碑文的正式格式是每行20字，每字皆用古、篆、隶三种字体并列，故名"三体石经"。石经刻有《尚书》《春秋》和部分《左传》，共约28碑，石经文字有校正文献内容与文字、书体之功用。

《魏书·列传》记载："又建《三字石经》于汉碑之西，其文蔚炳，三体复宣。校之《说文》，篆隶大同，而古字少异。"

魏《正始石经》（《三体石经》）残碑拓片

又说："昔汉世造三字石经于太学，学者文字不正，多往质焉。"三体石经刻成后，与汉熹平石经并立于魏都洛阳南郊太学讲堂西侧。碑文刻成后，全国各地学生纷纷前来校拓，对其时文化的保存和发展起到了很大的作用。唐时正始石经大体尚存，《旧唐书》说，书学生课业，"石经三体书，限三年成读"。

三 唐代官学教育的发展

隋唐时期，"以文兴国"作为基本国策，教育事业得到更多的重视，对中国传统社会的教育体系进一步完善，建立了完整、系统的学校教育制度，成为中国古代教育的典型形态。

隋统一中国后，在三教并重的思想指导下，儒学开始有所复兴。隋朝积极促进南北儒学的合流，使儒学中的"南人简约，得其英华，北学深芜，穷其枝叶"的不同特点逐渐融合。这是经学教育的一个重大发展。

由于隋文帝积极振兴教育，一度出现了学术与文化的昌盛景象。《隋书·儒林传序》卷七十五写道：

> 四海九州强学待问之士靡不毕集焉。天子乃整万乘，率百僚，遵问道之仪，观释奠之礼。博士磬悬河之辩，侍中竭重席之奥，考正亡逸，研核异同，积滞群疑，涣然冰释。

> 于是超擢奇隽，厚赏诸儒，京邑达于四方，皆启黉校。齐、鲁、赵、魏，学者尤多，负笈追师，不远千里，讲诵之声，道路不绝。中州儒雅之盛，自汉、魏以来，一时而已。

隋文帝一面崇儒，一面兴学，自京都至州县均设学校。文帝还亲至国子学参加释奠礼，奖励国子生，考选国子生为官。开皇三年（583），下令劝学，强调设学施教是立国为政的首要任务，进行礼义教育是学校教育的主要内容。隋初还曾诏天下郡县皆置博士习礼，儒学教官还有负责地方教化的义务。589年统一全国之后，又令所有学校都要勤训导、严考课。但隋代短暂，教育事业并没有得到充分地发展。

唐朝建立后，明确提出"守成以文"的文教政策。唐朝立国之初，即以恢宏的气度"大阐文教"。唐高祖于武德七年（624）下《兴学敕》，宣称：

"自古为政，莫不以学为先。学则仁、义、礼、智、信五者具备，故能为利深博"（《唐大诏全集》卷一〇五），把教育作为其政治的基础和依靠，兴办各类文教事业，促进了文化教育事业迅速兴盛，使整个社会的文化结构发生了较大变化，从中央到地方设立了各级各类的官学，已形成一个较完整的学校教育体系，为唐朝的文教事业带来了许多新气象。

唐太宗振兴学校的主要措施，首先是调整教育行政机构，重建国子监。国子监

《唐太宗建弘文馆图》

是中央教育机构，早在西晋时就已建立。唐太宗在贞观元年（627）五月重建国子监，以加强对学校的领导。以后国子监的名称有过几次变化，但它的性质始终未改变，一直是唐代最高的教育行政领导机关。

唐代官学分中央官学和地方官学两级。在中央设有：国子学、太学、四门学、书学、算学、律学，统称"六学"，直属国子监领导。《旧唐书》卷一八九《儒学上》说到当时六学的兴盛："四方儒士，多抱负典籍，云会京师。俄而高丽及百济、新罗、高昌、吐蕃等诸国酋长，亦遣子弟请入于国学之内。鼓箧而升讲筵者，八千余人，济济洋洋焉。儒学之盛，古昔未之有也。"这

一时代，"国学的繁荣也反映了盛世的光耀"[1]。

在这六学中，主体是以国子学、太学、四门学为核心的儒家经学教育的学校。所谓经学学校，就是以研习儒家经典为主要教育内容的学校。儒学在唐代整个教育体系中占主导地位。古代官学从一产生便是专门研究经学的学校。这种经学教育到了唐代，由于统治者确立了尊崇儒术的文教政策，选拔各级官吏均以精通儒术作为取舍升降的标准，士子亦皆以钻研经书为入仕的途径，所以更加蓬勃发展，在唐代官学教育体系中占据主导地位。

国子监中的国子学、太学、四门学以及地方府、州、县的经学，均是修习儒家经典的学校，其课程设置体现在教学计划中，分为必修课、选修课和专业课三类。据《唐令拾遗》《大唐六典》等记载，必修课为《孝经》和《论语》；选修课有《史记》《汉书》《后汉书》《三国志》《国语》《说文解字》《字林》《仪礼》《周易》《尚书》《春秋公羊传》《春秋穀梁传》共九经，修习时间各为3年。《毛诗》《周礼》《仪礼》，称为"中经"，修习时间各为两年。《周易》《公羊传》《穀梁传》和《尚书》，称为"小经"，《周易》修习二年，《公羊传》修习一年半，《穀梁传》修习一年半，《尚书》修习一年半。

除了各级各类学校外，还设有一个特殊的教育机构弘文馆，是专门收藏、校雠和研究儒家经典的经学。高祖武德四年（621）置"修文馆"于门下省，九年（626）改为"弘文馆"，设学士，"掌详正图书，教授生徒"。同年九月，太宗即位，于"弘文殿"中聚四部群书20余万卷，并于殿侧置一弘文馆，选贤良文学之士，轮流值宿馆中，听朝之暇，引入内殿，讲论文义，或商量政事。凡朝廷有制度沿革，"礼仪轻重，得参议焉"。贞观元年（627），诏京官职事五品以上嗜书者24人，隶馆习书，出禁中书法以授之。其后又置讲经博士。弘文馆的学科与国子学等相同。它既是一个国家高级图书馆，又是一个高级

---

[1] 孙昌武：《隋唐五代文化史》，东方出版中心2007年版，第65页。

学馆，还是一个国家政治研究院。

贞观十三年（639），唐太宗又下诏，在太子东宫设置和弘文馆同样性质的高级学馆崇贤馆，设学士 2 人，掌经籍图书，教授生徒；设校书郎 2 人，从九品下，掌校理书籍。仪凤元年（676），因避太子名改为"崇文馆"，学士"掌理经籍图书，兼授诸生"。又置校书郎 2 人，以及令史、典史等人员，学生的课试和选举，一如弘文馆。

唐朝的地方学校制度适应中央集权和科举制的需要，较前代更为周详。各级地方学校也都以经学教育为主。乡里官学是地方官学的重要组成部分。唐代州县学校的普遍设置促进了乡里学校的设立，对唐代教育的普及也有一定的推动作用。当时不少著名的政治家、文学家曾于乡学就读或执教。乡村学校所使用的教材主要有民间流行的周兴嗣编撰的《千字文》、蒙学课本《太公家教》、杜嗣光所著《兔园册府》、天宝中进士李翰所著《蒙求》，还有《开蒙要训》等书。儒家经典方面的教材，主要是《诗》《书》《礼》《易》《春秋左氏传》等五经，所用教材为唐初孔颖达、颜师古等人编写的《五经正义》。此外，乡校学生还经常学习《论语集解》和《孝经》等。

由于唐朝采取各种措施设馆兴学，学校数量迅速增加。唐朝教育的发达程度在当时的世界上无以媲美，开创了中华民族古代学校教育史的新局面。

四 北宋的兴学运动

北宋初年社会稳定，促进了思想文化的繁荣。一方面是科举大兴，极力培养修社稷大业、以教化为心的新官僚人才；一方面出现了全社会性的办学。当时学校制度有官学和私学两类。官学分为中央学与地方学，即中央设国小学、太学，地方设州县学。私学的基本形式是私家学馆一类。书院教育在宋代大发展起来。同时，各种专科教育在宋代也受到重视，除了律学、算学、医学之外，还出现了武学、画学、书学等专科学校，此外还有专门研究道教的道学。

宋初的国子监为全国的最高学府和教学研究、行政中心。宋太祖初，即对周世宗营建的国子监学舍加以扩建修葺，诏令河南偃师学者、左谏议大夫崔颂判监事，并于建隆三年（962）正式开始会集生徒讲学。宋太祖多次临学，与监判讨论经义，恩赐加勉。此后，在太祖、太宗、真宗三朝担任判监事或祭酒的人，多为著名的学者或前朝宿儒，其职责不限于专主监内讲学。祭酒、博士、直讲在讲学之余，尚需大量的时间和精力从事监内藏书的校勘、注释、整理工作。宋真宗咸平年间颁行的官方经学教材《九经义疏》，就是由当时的国子祭酒邢昺，直讲孙奭、崔颐正、崔偓佺，博士杜镐等人奉诏主持校定刊印后，颁行全国各地学校的。因此，当时的国子监事实上兼有审订、编印经学教材以及指导全国经学教育的职能。

宋初的国子监学官，还兼有为帝王、宗室子弟讲学的职责。讲学的方式大体有二：一是帝王幸学，多请学官讲说经籍要义。如：建隆初宋太祖幸学，请国子监判事崔颂讲说经义。宋太宗拱端元年（988）幸学，请国子监直讲孙奭专讲《尚书·说命》要义，请博士李觉主讲《周易·泰卦》。真宗咸平二年（999）幸学，请直讲崔偓佺主讲《尚书》。景德年间，又请其主讲《道德经》要旨。

二是国子监学官兼任经筵侍讲、侍读之职。如真宗咸平二年，国子祭酒邢昺兼侍讲学士，令入便殿讲授《左传》。又以直讲孙奭兼诸王府侍读，为宗室子弟讲学。由此推见，国子监在经筵讲席、宗学体制尚未建立之前，代行其职责。除此之外，国子监还是全国最大的校勘、刻印、收藏图书的机构之一。

北宋教育在仁宗朝前期，出现了一些重大变化。朝廷改变了以往间接赞助民间办学的做法，开始直接管理和资助、兴办地方州学，将重要藩府的州学正式纳入官学的体制之中，逐步形成了若干具有全国性影响力的地方教育中心。这些中心形式多样，是北宋州县之学经过多年演变、趋于成熟的典范。诸如范仲淹主教的应天府书院，胡瑗主持的苏湖州学，孙复、石介的泰山、徂徕之学，以及陈襄的福建古灵之学，都具有很高的教学水平，并讲求民间利病为急，提倡圣人之道和经世致用的实学风范，具有开辟荒芜、化通士学风气之功。

由范仲淹主持推动的庆历兴学，是北宋历史上第一次全国性的大规模兴学运动，是庆历新政的重要内容之一。庆历三年（1043），范仲淹在主持新政大局的同时，积极筹划兴学，当年九月奏上的《答手诏条陈十事》，作为庆历新政的纲领，其中前四项都与科举教育改革有关。在范仲淹的推动下，宋祁、王拱辰、张方平、欧阳修等8人合奏："教不本于学校，士不察于乡里，则不能核名实；科举束于声病，学者专于记诵，则不足尽人才。莫若使士皆土著，而教之于学校，然后州县察其履行，则学者修饰矣。"（《宋史·选举志一》）其后，朝廷正式下诏兴学，揭开了庆历兴学的序幕。

庆历兴学的措施，主要有以下几个方面：第一，诏州县立学，选部属官或布衣宿学之士为教授，并立听讲日限，规定士须在学校习业三百日，方许应举。第二，振兴太学，选用拥护新政的著名学者石介、孙复主持太学讲席，采用胡瑗苏湖教法为太学法度，以改进太学教学及规章体制。同时，设立四门学，允许八品至庶人子弟入学，扩大了中小庶族地主子弟入学深造的机会。第三，改革科举考试方法。

庆历新政维持不过一年几个月，便在旧官僚权贵集团的强烈反对下失败，兴学也告夭折。但庆历兴学诏为地方办学提供了合法的凭据，首开州县广兴学校的先例，普遍激发起州县地方兴学的热潮。《吉州学记》称："兴学诏下之后，海隅徼塞四方万里之外，莫不皆有学……宋兴盖八十有四年，而天下之学，始克大立，岂非盛美之事！"在新政失败后，州县兴学的成就仍部分保留下来，一些新政人士被贬到地方后，仍热心创办地方学校，使庆历兴

薪火相传——儒家文化传承的制度安排

南宋刘松年《山馆读书图》（局部）

学的成果得以保存和扩大。"庆历兴学之后至北宋末年，经过三次大规模兴学，逐步形成了以中央太学、国子监为中心，诸多专科学校和地方州县学配套的全国官学系统占主导地位。"[1]

庆历兴学整顿和改进太学、国子学的教学制度，一批硕学名儒如石介、孙复等人先后主讲太学，结束了国子学、太学徒为游寓取解而无教学之实的状态，开创了北宋中央官学的空前盛况。由他们主持中央官学的讲席，对于改变浮靡巧伪的士学风气发挥了重大的作用，并对全国各地学校起到了教导示范的作用。直到北宋末年，人们论及学校教育人才，士风丕变，仍盛称"庆

---

[1] 杨渭生等：《两宋文化史》，浙江大学出版社2008年版，第384页。

历之风"。

虽然范仲淹庆历兴学失败了,但要求兴学和针砭时弊的努力却始终没有终止。神宗继位后不久,朝野上下就围绕着学校和科举如何培养、选拔人才的问题,再次展开争论,并围绕着这一主题,开始了一场内容更为广泛、细致的变法运动。宋神宗熙宁二年(1069),王安石任参知政事,主持变法大计,次年再次提出兴学复古、改革科举的建议,并得到了大多数朝臣的赞同。熙宁四年(1071)二月,神宗下诏改革学校科举,揭开了熙宁兴学的序幕。王安石主持的熙宁兴学,推动了北宋教育事业的发展。从此,在中央和地方形成了一个学科、内容、形式相对完整配套的学校网络。

由蔡京主持的崇宁兴学,是北宋第三次大规模的兴学运动,其规模和范围超过了庆历、熙丰兴学,也是北宋历史上规模最大的兴学运动。经过崇宁兴学,北宋的中央和地方官学体系基本建立就绪,规模空前,学校经费也得到了保证,以往两次兴学期望的目标,在崇宁兴学中大体实现。不仅中央太学臻于鼎盛,达到生员3800人的空前规模,地方州县学校也得到大力发展。

北宋在继承唐代教育体制的基础上,开展了三次兴学运动,宋代的官学教育体制逐步定型。太学一直是中央官学实际的最高学府,教学内容大体以儒经为主,兼习诗赋及策论。熙宁兴学之前,朝廷虽未明确规定太学的经学教材,但官定的《九经义疏》为较权威的经学读本。端拱年间(988—989),宋太宗诏令国子监刻印唐代孔颖达《五经正义》,颁行天下。宋真宗尤其重视经学教育,曾自称在东京讲《尚书》七遍,《论语》《孝经》各四遍,并强调:"宗室诸王所习,唯在经籍"。咸平三年至四年(1000—1001),又诏令国子监祭酒邢昺等校定《周礼》《仪礼》《公羊传》《谷梁传》正义,加以《礼记》《孝经》《论语》《尔雅》,及孙奭《孟子正义》,合唐人经注,为《十三经正义》,颁行天下,成为法定教材。同年,诏州县学校及聚徒讲诵之所,并赐《九经》。熙宁兴学至北宋末年,大多数时间都以王安石的《三经新义》及《字说》为主要经学课本。宋代州县官学形成了遍布全国各地的学校网络，其规模之广、数量之多，远远超过汉唐诸朝。州县学校的教学内容大体与太学相同，内容的取舍及侧重概随科举或太学舍试的内容而定。

五 明清的官学教育

宋代以后的元明清历代，官学教育都有所发展，并且在机构设置上有所变动，但以儒学为核心的教育内容一直没有变，历代的各级学校教育都是以儒家学说为主要内容。从汉代一直到清末，儒学都是官学教育的基础。但不同时期对儒家经典的解释也有所不同。例如明洪武时采用古注疏及各家的注解，永乐时表彰程朱理学，程、朱等宋儒对儒家经典的解释成为学校教育的法定内容。这些规定，奠定了明代学校教育内容的基本格局。

"四书"和"五经"是历代学校教育的主要内容。洪武年间，对这些经典的解释，博采古注疏、宋儒的注疏等多种解释。值得注意的是，《春秋》自宋朝以来各级学校都不讲习，而明太祖认为，"孔子作《春秋》，明三纲，叙九法，为百王规范，未有舍是而能处大事，决大疑者"。因此，要求学校要讲习《春秋》，以锻炼"处大事，决大疑"的本领，研求孔子的大经大法。《孟子》一书也按明太祖的意旨进行了删节，编成了《孟子节文》。《孟子节文》颁发全国各级学校，作为标准的读本，科举考试也仅仅以该书为出题范围。永乐年间，明成祖下令儒臣胡广等人编撰《五经四书大全》《性理大全》，颁发全国各级学校及各衙门。从此，这两部书成为学校教育的必读教材，科举考试也以此为标准。

成化年间（1465—1487）以后，科举制度日益受到重视，只有进士出身的人，才有希望仕至大僚，明初所谓三途并进，至此只有科举一途独盛，监生出身、杂流入仕的人越来越少了。于是，天下读书人莫不皓首穷经，孜孜于科举之业。明代的科学考试，以"四书""五经"为出题范围，尤其重视"四书"，以程朱理学为答卷标准。

清代教育制度最初承袭明代教育制度，建立了以国学和府州县学为基干的学校体系。这个学校体系以教化和育才为两大宗旨，而以教化为基础，以育才为目标。

清朝以儒学为教育的主要内容。为了确立朱子学派在思想界的统治地位，清廷规定朱熹所注《四书》是科举考试必考的内容，是府州县学、国子监必学的内容。康熙四十一年（1702），康熙向礼部颁发御制《训饬士子文》，令刻石立于国子学之中。其文开宗明义说："国家设立学校，原以兴行教化，作育人才。典至渥也。朕临御以来，隆重师儒，加意庠序，近复慎简学使，厘剔弊端，务期风教修明，贤才蔚起，庶几械朴作人之意。"明确地把"兴行教化"当作"作育人才"的前提，只有"风教修明"，"才能贤才蔚起"。

国子监辟雍大殿

清代建立起完备的科举考试制度，清代官学分中央和地方两大体系。

中央官学为国子监，系贡生和监生肄业之处，称国学或太学。国子监的课程设置以"四书""五经"和《性理》《通鉴》等书为必修，其他八经、二十一史及其他著作可由学生自选。此外还要求每日临摹晋、唐名帖数百字。诏、诰、表、策、判等文体亦在课程之内。

薪火相传 ——儒家文化传承的制度安排

清宫廷画家《康熙帝南巡图卷·江南贡院》

地方官学按职责为国子监输送贡生，为科举乡试提供考生。官学生员来自童试录取者。童试的内容是"四书"文、试帖诗、《性理》论或《孝经》论，默写《圣谕广训》百余字。"四书"文是用八股体撰写，题目选自《论语》《大学》《中庸》《孟子》。生员最重要的待遇是有机会被贡入国子监充当贡生，有权报名参加乡试。

地方学校的课程设置以科举考试的内容为中心，主要的考试内容为四书文、五经论、经史事务策，以及试贴诗、诏、诰、表、判等文体的写作，属于能力培养。地方学校的课程设置主要有《御纂经解》《性理大全》《诗》《古文辞》《十三经》"四书"《二十二史》《资治通鉴纲目》《大学衍义》《历代名臣奏议》《文章正宗》《大清律》《三通》等。《三通》即《通典》《通志》《文献通考》。

第六章 私学和学院：体制外的教育系统

一 私学的兴起

西周时期，天子控制着教育大权，也垄断着学术。宗室京畿，是各国贵族子弟游学的地方，集中了大量图籍和人才，不但是全国最高学府的所在地，也是全国文化教育的中心。春秋战国时期，随着剧烈的社会变动，贵族对文化教育的垄断被打破了，出现学术、文化下移的趋势。人才四散，图籍流失，官学逐渐解体，私学取而代之，出现了"学在四夷"的局面。"私学的兴起是中国文化史、教育史上开天辟地的大事件"[1]，是中国古代教育史上的一次划时代的革命。冯友兰概括当时"天子失官"的情形说："在社会政治瓦解过程之中，各种知识的官方代表散落民间。这些人可能自己就是贵族，或者是以一技之长服侍君王诸侯、获得世袭官职的官吏。……先前的贵族官吏，散落民间后，凭他们的专门知识或技能，开馆招收生徒，以维持生计。这些传授知识、发挥议论的私人教师，就成为'师'。这是'师'与'吏'分离的开始。"[2]

私学的出现，并不是教育内容的变化，春秋时代的私学还是以"六艺"为主要教育内容。"天子失官，学在四夷"，并不是文化的颠覆，而是文化

---

[1] 吕文郁：《春秋战国文化史》，东方出版中心2007年版，第49页。
[2] 冯友兰：《中国哲学简史》，生活·读书·新知三联书店2009年版，第40—42页。

薪火相传——儒家文化传承的制度安排

山东曲阜洙泗书院　为孔子授徒处

的扩散。就是说，西周时代由王室控制和垄断的各种文化形式，在春秋时，被从垄断和控制中解放出来，走进了民间社会，有了更大的发展空间，因而有了更多传承的方式。钱穆先生指出："大体在孔子以前，那时的书籍，后世称之为'经书'，那时的学术，全操在贵族阶级手里，我们可以称之为'贵族学时代'。在孔子以后的书籍，后世称之为'子书'，那时的学术，则转移到平民阶级手里，我们可以称之为'平民学时代'。……在中国学术上，贵族学时代与平民学时代，一脉相传，只是一种演进，却不见有所巨变与反革。"[1]

春秋中期已经有了私学。《吕氏春秋·离谓》中记载了郑国邓析办私学的事迹。《列子·仲尼》中记载郑国伯丰子也和邓析同时开办私学。少正卯和孔子同时在鲁国办私学，传说少正卯的私学名声也很大，曾把孔子私学的学生吸引过去。在鲁国办学的还有王骀，他办的学校很有名，因此到王骀那

---

[1] 钱穆：《中国文化史导论》，商务印书馆1994年版，第85—86页。

里去学习的人竟和孔子所收的门徒差不多。孔子是私学的集大成者，也是中国传统文化的重要奠基者。"孔子是大量而有系统地传播贵族学术到民间来的第一人，他把贵族宗庙里的知识变换成人类社会共有共享的学术事业。"[1] 孔子大约在30岁时开始讲学，"以诗、书、礼、乐教弟子，"创办了儒家学派的第一所私学，颜渊、曾点、季路等是他最早的学生。孔子平时在曲阜城北的学舍讲学，出外游历时，弟子们也紧紧相随。孔子在社会上渐渐有了名声，弟子也就越来越多，孔子私学成了规模很大的教学团体。在春秋末期，孔子私学的规模最大，存在了40多年，弟子3000人，"身通六艺者七十二人"。《史记·儒林列传》称其弟子"七十子之徒，散游诸侯，大者为师傅卿相，小者为教士大夫。"

孔子私学的教育目的是培养"贤才"，即所谓能够弘道治世、恢复礼治社会秩序的士与君子。为了能够形成这样一个社会阶层，并且使这一阶层承担起为政治国的使命，孔子根据西周的"王官之学"和自己的政治主张，整理编订了《诗》《书》《礼》《乐》《易》《春秋》等著作，作为其私学的教材。在孔子看来，每一种教材对培养新的士阶层具有重要的价值和意义。冯友兰指出孔子"希望经他教导的学生成为国家和社会的栋梁之材，即所谓'成人'，因此，他以经书中包含的各种知识教诲学生。作为教师，他认为自己的首要任务是向青年学生解释古代的文化遗产"。"在解释古代的典制、思想时，孔子是以自己对道德的理解去诠释古代的经书。"[2]

战国时期私学大为发展，成为百家争鸣的基础。墨子、孟子、荀子、淳于髡等大批学者都加入了创办私学的行列，各派私学相继出现。因为私学不受官府的直接干预，其教育内容由教授者根据自身的学识和意愿自由传授，各派大家以自己对自然和社会问题的独特见解吸引着大批弟子，造就了大批

---

[1] 傅乐成：《中国通史》上册，中信出版社2014年版，第83页。
[2] 冯友兰：《中国哲学简史》，生活·读书·新知三联书店2009年版，第44页。

能人志士。《吕氏春秋》形容说："孔、墨徒属弥众，弟子弥丰，充满天下，王公大人，从而显之，有爱子弟者，随而学焉，无时乏绝。"又说："孔、墨之后学，显荣于天下者众矣，不可胜数。"据说孟子也是弟子众多，"后车数十乘，从者数百人，以传食于诸侯"。农家许行，"其徒数十人，皆衣褐捆屦织席以为食"。道家田骈，"訾养千钟，徒百人"。"春秋战国时期的很多学派都是由私人办学而形成的。没有私学的兴起，也就不会有许许多多标新立异的学术派别和学术团体，没有这些各具特色的学术团体和派别，也就不能出现百家争鸣的文化景观。"[1]

二 作为官学补充的私学

秦始皇采取了禁私学、焚书坑儒等措施，但私学并未被禁绝，一批儒生学者隐匿民间，继续以私学教育私相传授，尤其是齐鲁一带仍保留着私人讲学的传统。

在秦末战乱之时，私人教学仍然在继续。汉初，统治者尚无暇顾及兴学设教，文化教育事业更依赖私人教学维持，而汉初在文教事业的恢复和建设中做出重要贡献的许多名儒学者，有不少就是秦朝以来隐匿民间的私人讲学大师及其弟子门徒。这时的私学教育承担了几乎全部的教育任务，使中国古代教育从未中断，而且有相当的发展，古代的文化典籍、科学知识主要通过私学教育得以保存和传播。参与汉代政治、经济、文化建设的人才，也大都是私人教学锻炼和培养出来的。私学师生成为汉初朝廷中官吏的重要来源之一。文景之世，政清治平，隐贤逸才相继复出。这些人多是长年在民间从事私人教学颇有成绩者，不少人还继续从事私人教学。私人教学不仅有儒家学派，黄老、道、法、刑名之学也有私人传授。

---

[1] 吕文郁：《春秋战国文化史》，东方出版中心2007年版，第50页。

宋《村童闹学图》

汉武帝时期,开始兴办和发展官学。但私学并未因此而停顿,反而在官学发展的影响下得到进一步繁荣,成为官学教育的重要补充和汉代教育制度的有机组成部分。官学和私学相互补充,相互促进。武帝之后,私人教学相当发达,一些硕学名儒在未从政或任博士之前一直从事私人教学。未立为博士的经学大师,仍坚持私人传授,逐渐发展成今古文经学的长期激烈论争,从而更促进了私学的发展。有些人一面做官,一面收徒讲学,罢官后仍然继

薪火相传 ——儒家文化传承的制度安排

续从事私人讲学。

和官学一样，汉代的私学教育的基本内容也是经学教育。私人讲学大师都是精通一经或数经的学者，他们以自己的专长传授弟子，吸收大批生徒于门下。东汉时专经讲授更盛，名师众多，收徒更甚。东汉专经阶段的私人教学，逐渐确立了稳定的组织形式，建立了治学、讲学的基地，多取名为"精舍"或称"精庐"。精舍的建立，或在大师家乡，或选山水胜地，均带有避世隐居的性质。精舍讲学已初具学术讨论与研究性质，经师边讲边说，边著述。极似后世的书院，有人直接把"精舍"或"精庐"视为最早的学院。

魏晋南北朝政局紊乱，政权更迭频繁，教育政策难以延续，官学教育时兴时废。在这种情况下，一些士人出于对传承民族文化的责任感，出于对教育的热爱，或教于乡里，或教于都市，或教于山林，或教于寺庙、道观，他们许多人不慕名利、绝意仕途，以传播文化为己任，为社会培养了大批人才，使汉文化传统得以延续。因此，私学在这一时期颇为发达。魏晋南北朝私学的渊源可追溯至东汉，但在形式和内容上都有较大的改变。无论在数量上、规模上、教学内容上和教学方法上，都有所扩大和更新。私学所覆盖的层面远比东汉广阔，入私学而接受教育的人激增，私学的教授内容也比东汉丰富得多。

从总体上来看，经学在私学教育中仍占据重要地位，但已不拘于烦琐章句。儒学在社会上的影响仍然是最大的，博通"五经"者在社会上享有较高的地位。但是经学并没有沿两汉的老路走下去，在传授上开始重思考，重创新。北朝私学自由择师的风气，反映了私学学生求师是求见解而非求章句。南朝的诸多私学家既通经典，又习玄风，甚至集佛、道于一身。

隋末乱世，许多儒士转入乡间山林进行私家讲学。王通曾在家里开馆授徒，为唐代开国培养了一大批人才。王通出身于儒学世家，其父曾传儒学，教授弟子十余人。开皇初年，做过国子博士，并著有《兴衰要论》7篇。王通自幼便立有四方之志，精研儒家经典。他20岁时，西游长安，见隋文帝，奏太平策十二策，深受隋文帝赏识。但因公卿不悦，自知谋之不用，乃归乡里，以古代隐逸贤才为榜样，专门从事讲学和著述活动。王通的学生很多，往来受业者千余人，其中许多人后来成为唐代有名的卿相。王通的哥哥王绩，隋末亦称大儒，聚徒河、汾间，仿古作《六经》，又作《中说》，并以此教授学生。

唐初曾对私学有所限制，但开元以后，则不作任何限制，而且鼓励私学发展，官学与私学教材相对一致，官私学学生学成后均可经过考试予以承认，使得私学成为一种重要的教育形式。办私学的有在职官吏和无意仕宦及政治上失意的儒士，也有借此换取斗争之资的知识分子。他们精于经学、通晓文史，在地方上被奉为名师大儒，自行在民间聚徒讲学。有些名流学者，涉猎经史，不交世务，创立了儒宫，开设学馆，从事著述和讲学活动。唐代不少名儒显宦幼时就是在这种学校接受启蒙教育的。

唐末五代，割据战乱，官学废弛，学术文化离散于民间，民间乡党之学应运而生。宋初雕版印刷术推广应用，图书经籍得以大量印制发行。民间有书，便具备了办学的基本条件。同时，朝廷对民间办学多予以奖励，赐书、赐田、赐额，加以表彰资助，对隐居民间聚徒讲学的名师硕儒，也多加褒荣。如开封名儒王昭素笃学不仕，居乡里聚徒教授以自给，开宝年间召赴朝中，赐座讲《易》，宋太祖及宰相薛居正以下大臣恭听讲论，遂拜国子博士致仕，赐钱20万缗，遣归故里。陈州万遵、历城田浩、郑州杨璞、荆南高怿等民间学师，均曾被皇帝召见，赏赐有差。

宋初从太宗太平兴国二年（977）开始大幅度增加科举录取名额，鼓励寒庶布衣读书仕进，也是刺激乡党之学活跃的直接动因之一。同样，民间学师倘能精通科举之学，师门登第入仕者较多，也是吸引四方学子的重要条件。

在庆历兴学之前，宋代地方私人办学风气盛行。宋末元初学者马端临说，是"未有州县之学，先有乡党之学"（《文献通考》卷四十七）。所谓"乡党之学"，大体是指尚未纳入官学体制之内的地方学校，其类型、分布及课业程度，均无定制，往往随遇而设，因地制宜，或据州郡都会，或据穷乡僻壤，或据山林深谷，或据官宦人家，或据寺院庙舍。在官学体制尚未建立之前，是州县地方传播、推广文化知识的主要途径。

宋初乡党之学大体有以下几种类型：

其一，布衣硕儒隐居乡里，聚徒讲学。这类私学教师大多有学业专长，治学内容不出经学范围，且以教学为业，靠束脩自养。但也有学者是为了辨明学理、阐明经义，热衷于讲经论学。如真宗朝的冯元，幼从崔颐正、孙奭修习《五经》大义，后与乐安孙质、吴县陆参、谯夏侯圭善，往来论辩，群居讲学，乐不计酬，或达旦不寝，时人号为讲学"四友"。荆南高怿，博通经史百家之书，仰慕种放盛名，筑室终南山豹林谷，与种放师友相待，并同张荛、许勃共以学问著称，号为"南山三友"，后以私学擅名，宋仁宗景祐元年（1034）被荐为京兆府学教授。

其二，在任官员于所职州县兴资办学。宋初以科举入仕的官员，大多重视文治，且以兴办学校为重要的政绩。每有办学举动，往往刻石立碑铭为功德或被乡绅颂为圣明。朝廷考绩州县外官，也往往以之作为叙迁官职的重要依据。故州县官办学兴资，往往不惜自出俸钱。州县官员积极兴资办学的现象，是宋初地方学校发达的一个重要原因。州县办学活动随着朝廷鼓励、承认州县学校的法令逐步放宽，大多转化为地方官学。

其三，寺院僧舍也多为士子、生徒就业寄读的场所。宋初寺院上承汉唐以来数百年经营之规模，太祖、太宗、真宗三朝，虽主儒业，兼崇道教、兴佛法，真宗继位以来更是大兴土木，"遍修群祀"。据宋人方勺统计：至神宗熙宁末年，天下寺观宫院总数已达4万余所。寺院宫观为一些贫寒有志的学子提供了读书寄居的场所，构成宋初地方学校的一种特殊形式。宋初许多布衣寒门出身的著名学者或大臣，多有寄读寺观的经历。

仁宗、神宗二朝为北宋文化教育事业最为活跃的时期。朝野人才济济，涌现出一大批诸如范仲淹、欧阳修、王安石、司马光、苏氏父子、曾巩、周敦颐、邵雍、张载、二程等杰出的政治家、文学家、教育家，其中不乏绝世的英才，而这些人的幼年或少年几乎都在庆历兴学之前，他们的成长或幼承庭训、或寄读僧舍、或游访私学大师，是在官学和书院之外的教育活动中培养成才的。

元代的私学十分兴盛，它继承了宋的私学传统而又有新的发展。元代的私学一般有家长督课、学生自学、私塾授课、名师传授等多种形式，教学内容则侧重于儒家经典，又以朱熹等人注疏的"四书""五经"为基本教材。元朝对私学采取鼓励、支持的态度，在兴办地方官学的同时，规定或自愿招师，或自授家学于父兄者，亦从其便。

三 南北朝的门第教育

南北朝时的私学兴起与当时的门阀世族有很大关系。魏晋南北朝政治上的明显特征是门阀世族的兴起。琅琊王氏、陈郡谢氏、博陵崔氏、颍川庾氏、吴郡的顾、陆、朱、张，都是当时显赫的世家大族。他们除了从政治、经济上维持其不败之外，也注意从文化教育上来树立自己的门风，形成了带有这一时代特征的门第教育。如琅琊王氏有所谓王氏"青箱学"，即为其家传之学。门第教育既构成了魏晋南北朝私学的一方面内容，也是这一时期私学发展的一个原因。陈寅恪先生曾指出，"夫士族之特点既在其门风之优美，不同于凡庶，而优美之门风实基于学业之因袭，故士族家世相传之学业乃与当时之政治社会有极重要之影响。"

门第的形成究其渊源可溯至东汉。自汉代"罢黜百家，独尊儒术"以后，经学成为入仕最主要，也是最荣耀的一条道路。官学和私学也围绕通经致仕这一核心繁荣起来。累世经学和累世公卿这一现象在西汉已出现了。赵翼说："西汉开国，功臣多出于亡命无赖，至东汉中兴，则诸将帅皆有儒者气象，亦一时风会不同也。"东汉一代累世公卿的现象也比西汉普遍而典型。如弘农杨氏自杨震至杨彪，四世为三公，汝南袁氏四世五公。又如欧阳氏一家"自欧阳生传伏生《尚书》，至歙八世，皆为博士。"累世经学的世家更多，如桓荣、桓郁、桓焉一家三代皆以明经而为帝王师，伏氏自伏生后历两汉400年不衰。

两晋南北朝是门第发展的鼎盛时期。东晋始终维持着门阀政治的格局。他们还利用大批流民过江避难的机会，广泛吸收部曲、佃客，建立起自己的别墅、庄园。北方虽历经战乱，王朝更迭，但北方的门阀世族也经久不衰，如清河崔氏、博陵崔氏、赵郡李氏、范阳卢氏等等。

魏晋南北朝的世族，大都具有典型的文化特征，可以说文化是构成世族的一个必要条件。"高门士族好尚文雅，注重教育，他们将文化作为立身的根本。""东汉的士族就已经形成鲜明的文化品格，《后汉书》的作者范晔称东汉士族的名士'依托道义'，就是说他们以精通儒学为立身之本。"[1] 门阀世族非常重视对自身文化的传承，门第教育构成了士族文化的一个重要方面。如沈约曾对人说："吾少好百家之言，身为四代之史，自开辟以来，未有爵位蝉联，文才相继，如王氏（指琅琊王）之盛者也。"

魏晋南北朝门第教育的内容十分广泛，既涉及各方面具体的文化，也涉及人生观、处世哲学等。

儒学在门第教育中占有重要地位，如王褒在其《诫子书》中说："吾始乎幼学，及于知命，既崇周、孔之教，兼行老、释之谈，江左以来，斯业不坠，汝能修之，吾之志也。"王准之兼明《礼》《传》，"自是家世相传，并谙江左旧事，缄之青箱，世人谓之'王氏青箱学'。"这个"青箱学"以儒家

---

[1] 吴小如主编：《中国文化史纲要》，北京大学出版社2001年版，第80页。

内容为核心，重点是经国治世。这一时期门第儒学教育中，对于礼学尤为重视。因为礼与门第的关系十分密切，不仅可以弘扬门风，也可解决门第内外的许多实际问题。

儒学世家或多或少地向玄学转化，所谓"遵儒者之教，履道家之言"。玄学教育在门第教育中也占有重要的地位，世族习染玄风是维持其门第的一种重要手段。如琅琊王氏本以儒学见长，王吉、王祥皆为儒家思想的忠实追随者，至西晋王戎、王衍时，习染玄风，被称为"一世龙门"，对王氏势力发展起了很大推动作用。又如谯国桓氏也为一儒学世家，至桓彝时弘扬玄风，为世所重，名显朝廷。

门第教育中对文学也十分重视。对于门阀世族来说，除借玄学以振名声外，文学也是他们清谈的一个重要话题。当时对门第的评价往往从玄风和文才两个方面来看，不具备这两个条件，难为时流所重。特别在南朝，文学更占有崇高地位。门阀世族非常注重对后代的文才教育和培养，如王筠七世之中，爵位相继，人人有集。彭城刘孝绰兄弟子侄70人皆擅文学。北朝门第也重文学教育，《北史》卷八十三《文苑传序》记载北朝文学之士有范阳卢氏、清河崔氏、赵郡李氏、河东裴氏、渤海高氏等。

各大世家都十分重视家世门风教育。魏晋南北朝史籍中留下了大量的家训，诫子之书，也是世族对家世门风教育的一个缩影。王微称他"且持盈畏满，自是家门旧风"。他在与弟书中说："不得家中相欺也"，为人处世"上不足败俗伤化，下不至毁辱家门"，是代表了门第家风教育的普遍思想。

四 文人书院的兴盛

在中国教育史上，唐代另一项突出的贡献是书院的出现。"书院"之名始于唐代，最早的是集贤殿书院。它是官立书院，主要职能是为政府修书。

薪火相传——儒家文化传承的制度安排

作为真正教育机构的书院，起源于私人的著书讲学。起初，多数地方将个人读书治学之所称之为书院，后来逐步发展成聚书建屋、授徒讲学的书院。《全唐诗》中提到的书院有11处，如李宽中秀才书院、沈彬进士书院和杜中丞书院等。宋初的著名书院大都是由唐末五代的私人读书讲学之地发展而成的。

宋代著名的白鹿洞书院也是起源于晚唐。白鹿洞书院在江西星子县北庐山五老峰下。唐贞元中（785—805），洛阳人李渤及其兄李涉在庐山读书，曾养一白鹿。宝历中（825—827）李渤任江州刺史，在庐山他读过书的地方，建筑台榭，名其地为白鹿洞。南唐升元四年（940）就白鹿洞建学馆，置田产，吸纳各方来学者。国子监九经教授李善道为洞主，掌教授。当时称庐山国学。宋兴以后，白鹿洞屡经修缮，改称白鹿洞书院，成为宋初最兴盛的四大书院之一。

从唐末至宋初，在庐山隐居和在白鹿洞书院任教的名人有唐时的颜翊，五代时的李善道、朱弼、陈贶，宋初的明起、刘涣、陈舜俞、陈珦等。颜翊

白鹿洞书院

率弟子30余人，授经于白鹿洞中达30余年。李善道任洞主时，学生百余人，皆为时望。白鹿洞的教学授徒，除了传授与研习儒家传统的孔孟经书外，也学习史籍、诗文以及诸子百家文集。从唐末到宋初，在白鹿洞求学的名人有伍乔、江为、杨徽之、刘式、刘元亨、蒯鳌、殷鹄等。

与理学的蓬勃发展相适应，宋代的文人书院也兴盛起来。"宋代书院集前代书院之大成，匡定以学术讲习为主旨，为此后近千载所宗续。书院具有敦隆教化、繁荣学术、培育人才等功能，阐扬中国文化中尊师重教、勤学好问、教学相长等优良传统，在文化教育史上有着特殊的地位，也是中华文化发展史中重要的时代内容。"[1]

北宋初年，乱世渐平，社会安定，朝廷虽多褒奖文士，却又无力广设州县学校，故"士子病无所学，往往相择胜地，立精舍，以为群居讲习之所。"吕祖谦在《鹿洞书院记》中说："国初斯民，新脱五季锋镝之厄，学者尚寡。海内向平，文风日起，儒生往往依山林，即闲旷以讲授，大率多至数十百人。嵩阳、岳麓、睢阳及是洞为尤著，天下所谓四书院者也。"书院的兴起，一方面满足了广大士子读书求学的愿望；另一方面，也缓解了朝廷尚文治而又教力不足的矛盾，为朝廷培养了大批文治人才。这些书院，在皇帝诏令兴学后，得到朝廷赐敕额和田亩、书籍，委派教官等优待，逐渐成为半民半官的地方教育中心。

北宋时期影响比较大的书院是宋仁宗时期的苏州郡学和湖州州学，对宋代主流思想理学的形成和复兴儒学，产生了很大影响。胡瑗青年时代与同窗孙复、石介，求学于泰山凌汉峰下，"攻苦食淡，终夜不寝，一坐十年不归。"学成后到湖州收徒讲学，专治儒学经术。宋仁宗景祐二年（1035），范仲淹在知苏州任上，办苏州郡学，特延请胡瑗为师。仁宗宝元二年（1039），湖州成立州学，遂又聘胡瑗为教授。胡瑗在苏湖书院讲学，阐发儒家六经，主

---

[1] 叶坦、蒋松岩：《宋辽夏金元文化史》，东方出版中心2007年版，第181页。

张经世实用，摈弃声律浮华文章，创立了崭新教学方法，世称"苏湖教法"。宋仁宗在庆历年间，垂诏苏湖州学，取其法著为令于太学，遂使胡瑗教法，超出州学书院，而规范朝廷太学。

胡瑗苏湖教法的宗旨是"明体达用"，体指儒家纲常礼教，用指以纲常原则教化天下，明者即树立，达者即实现。胡瑗以此为教育方针，旨在以儒为宗而整饬风俗。胡瑗以体用之学，教授诸生。在苏湖时，使东南之士莫不以儒家之道为至学。在京城太学执教时，听者竟如云至。神宗称赞他深得孔孟之宗，"议礼定乐，以迪朕躬；敦尚本实，还隆古之淳风；倡明正道，开来学之额蒙。"神宗的评价，说明了胡瑗的"明体达用"对国家政治生活、社会风俗和教育发展有着极其重大的社会意义。

孙复、石介学成后，也各自讲学授徒，志在儒学，成绩斐然。故南宋理学家推崇胡瑗、孙复、石介三人，称赞三者开儒家讲学的风气之先，奠定了理学产生的思想基础，敬称他们为"宋初三先生"。

到北宋后期，由于朝廷几次大规模兴学，官办的州县学校渐起，书院则渐入沉寂。进入南宋以后，书院复又振兴，而达到鼎盛阶段。南宋孝宗以后，各地官员竞相创建书院，几乎遍及全国。有人统计宋代书院总数有203所[1]，大部分在江南文化发达地区，南宋为北宋的4倍左右。南宋书院不仅数量大幅度增加，而且书院的规模和设置也更为完善，办学条件多有改善，书院的内容和功能也有所扩大。在培养人才、广开言路、刊刻著作、保存典籍等方面，书院的作用大大超过各州县学。并且，南宋书院形成了较完备的规章制度，涉及书院的教学内容、教学方法、教学目的、培养学生的方向以及书院的日常行政管理条规等等。

宋代书院创制了中国书院的基本模式，其中著名的当推白鹿洞书院、岳

---

[1] 王育济等：《中国文化发展史》（宋元卷），山东教育出版社2013年版，第56页。

岳麓书院

麓书院、嵩阳书院、睢阳书院，号称"天下四大书院"，都有过聚书数千卷、学徒逾千人的盛况，尤其以白鹿洞书院、岳麓书院影响最大。四大书院在当时声名颇旺，皇帝均赐有匾额，以肯定其以仁义纲常育化人才的功绩。它们对发展宋代文化教育起了重要作用。此外，还有应天书院、茅山书院、丽泽书院、象山书院、紫阳书院、考亭书院等，都颇有影响。

书院的兴起，使讲学之风盛行，促进了学术的发展。宋代许多大儒，都自设书院，主持讲学，广收弟子，形成派别。理学家们为了钻研学术，讲明义理之学并广泛传播自己的思想来扩大影响，积极发展书院教育、创办书院、宣讲性理，以书院为论坛，争鸣学术，指论朝政。朱熹、陆九渊、陈亮、叶适、吕祖谦、真德秀、魏了翁、胡宏、张栻等著名的理学家，都是积极创办和推进书院教育的代表人物。理学的一些重要著作，如《朱子语类》、陆九渊《书堂讲义》等，都是在他们的讲学活动中孕育出来的。书院讲学形式活泼，主讲人不限于本院讲师，还可聘请名师作临时主讲或作专题讲授，书院往往成为名师荟萃的中心。听讲者也不限于本院生徒，四方学士都可前来，学生可不拘一家一派之学，自由择师。书院师生专心研究学问，学术研究氛围特别浓厚，学术风格开放，气氛活跃。学校环境较为宽松，除了正统的儒家学说而外，其他各种学术也可以讲授，不同的思想可以相互交流、切磋、辩难，如朱熹、陆九渊的"鹅湖之会"，朱熹陈亮之间的"王霸义利之辩"等，活跃了师生的思想，推动了学术的繁荣和进步。实际上，宋代自书院兴起后，真正的学问研究地不在学校而在书院。

宋代是一个儒生士大夫关注道德人格建构的时代。但是，当时的科举制度的腐败，导致士学风气的堕落，一些志趣高洁、仰慕圣学的学者厌恶仕禄功利之学。而书院则提倡注重气节、不为功名利禄折腰，自由讲学，钻研学问，推崇修己至诚之道。朱熹在《白鹿洞书院揭示》中说："熹窃观古昔圣贤所以教人为学之意，莫非使之讲明义理，以修其身，然后推以及人，非徒欲其务记览、为词章，以钓声名、取利禄而已也。今人之为学者，则既反是矣。然圣贤所以教人之法，具存于经，有志之士，固当熟读深思而问辨之。"朱熹等理学家们希望把书院办成有"德行道艺之实"的教育机构，进而透过书院教育来弘扬道德主义的文化信仰和道德理想主义的价值观。也正因为如此，书院方为一大批文化素养较高的士子所景慕。

书院是宋代文人生活的重要内容。士子们不仅以书院为研究学术、推广道德教育的基地，而且在书院生活中交流情感，声气相求，追求一种精神上的自得。书院生活寄托了中国知识分子追求道德及知识独立的理想与情趣。正如朱熹在一首诗中写道："青云白石聊同趣，雾月光风更别传。珍重个中无限乐，诸郎莫苦羡腾骞。"

元代承袭宋代的传统，对书院采取利用和控制的方针，积极地加以提倡、扶持并给予奖励，使之朝官学化的方向演变，从而使元代的书院较之宋代又有了进一步的发展。

宋亡以后，不少汉族的儒家学者，不愿到元朝的政府部门做官，也不愿到元朝所设的官学中去任教，甚至不愿让自己的子弟到官方所设立的学校去就读，于是他们自立书院，招收生徒讲学。如安徽歙县的汪维岳，入元不仕，自比陶渊明，建友陶书院，在此读书讲学。江西务元的胡一桂，隐居于婺源湖山书院授徒讲学。安徽休宁的汪一龙，自元世祖至元年间起，即在婺源的紫阳学院讲授程朱理学。面对这种情况，元朝采用了较为开明的文教政策，因势利导，对各地书院的建立和恢复加以鼓励和提倡，并将书院与地方上路、府、州、县官学同等看待，归官府统一管理。

蒙古太宗八年（1236），行中书省事杨惟中从皇子阔出（又译名为"库春"）伐宋时，就曾搜集大量宋儒所著的书籍送回燕京，并在燕京立宋代理学鼻祖周敦颐祠，创立太极书院，延请名儒赵复、杨粹到书院讲授程朱理学，这是元朝政府建立的第一所官方书院。至元二十八年（1291），元世祖在关于江南诸路学及各县学内设立小学的诏书中规定："先儒过化之地，名贤经行之所，与好事之家出钱粟赡学者，并立为书院。"从此以后，书院这种有别于官学的民间教育机构，在元朝就更加兴盛起来。

元代各地书院发展很快，到元末顺帝时更是遍地开花，数量大大超过了宋代。据有关文献记载，元代新建书院143所，恢复书院65所，改建书院19所，总计为227所。特别是元末顺帝至元、至正（1335—1368）年间的30多年中，元朝兴建了140多所书院，充分显示了元代书院发展的盛况。

元代书院的突出特点是官学化。政府对书院的师资任用、组织管理乃至经费供给等都加以控制。书院的山长，和官学的学正、学录、教谕一样，须经礼部、行省或宣慰司任命或在朝廷备案。书院的经费由政府划拨的官田和私人捐助的田产供给，但由官府掌管。但元朝政府对书院教学活动没有多加干涉或过问，不论是官办书院还是私立书院，学术空气都比较浓厚，可以自由地讲学，宣扬自己的学术观点，很少受到干预，没有太多的拘束。

对元代书院的兴建和发展有重大影响的是杨惟中、姚枢、赵复、王粹、许衡、郝经、刘因等一批儒家学者，他们有的参与了书院政策的制定，有的主持著名的书院，有的是书院的主讲。元代书院都以儒家经典，尤其是程朱理学作为教学的基本内容。元代书院的许多山长、主讲，或是著名的理学家，或以宣传程朱理学为己任，他们讲授的内容毫无例外的都是儒家经典的《四书》《五经》和朱熹等理学家的注解。有的还自己著书立说，作进一步的发挥。元代书院因有理学家的讲学而得以兴盛，书院的兴盛又推动了程朱理学的普及和发展。

明代书院的教育，也是以儒家经典为主，兼习历史等方面的内容。但是，对儒家经典的解释的不同，也使书院的教育内容有一个明显的变化过程。明初的百余年间，书院的教育内容与地方儒学相似，都以程朱理学为主；明中叶以后，阳明心学兴起，书院的教育内容以阳明心学为主，但湛若水所倡导的江门之学也很有影响；明后期，书院教育内容以东林学派所倡导的实学为主。

清代的书院具有很浓的官学化趋势，书院课程设置与地方官学、国子监的课程设置相近，以四书五经为主。阐述四书五经义理的辅助性教材完全采用宋明理学家们的讲义、语录和注疏，如周敦颐的《太极图说》、程颢的《明道学案语录》、程颐的《伊川语录》、朱熹的《小学集注》《近思录》《朱子语录》、陆象山的《语录》、王守仁的《传习录》、湛若水的《心性图说》等。在课程分类方面又可分为小学和大学两类。小学是基础，包括识字及其深化，如文字学、训诂学、音韵学等。大学主要是讲四书五经，特别是以经学为基础讲授朱熹的"明德、亲民、止于至善"的三纲和"格物、致知、诚意、正心、修身、齐家、治国、平天下"的八目。

第七章 科举制与儒家文化传承

一 科举制的萌芽

作为官方的制度性安排，儒家文化的世代传承，除了历代教育都是以儒家经典为核心内容外，还有一项也特别重要，就是选官任官制度。在隋唐以后发展起来并且实行了上千年的科举制，使得儒家文化的传承获得了强大的社会心理动力。科举制成了一种"指挥棒"，指引千百文人学习儒学、争取"学而优则仕"的道路。

在汉代，太学实行了养士与选才相结合的办法，与此同时又改革了文官的补官与晋级规定，使之与太学的选才原则一致起来。"文学礼义""通一艺以上"都被列为补官、晋级的条件，而且优先使用"诵多者"。

汉代为了适应国家统治的需要，建立了一整套选拔官吏的制度，名为"察举制"。察举是自下而上推选人才的制度，也叫"选举"。察举制度是从文帝开始，他下诏要求"举贤良方正能直言极谏者"，并且定下了"对策"（考试）和等第。武帝时"察举制"达到完备，各种规定相继推出。其后，各种科目不断充实，特别是有了统一的选才标准和考试办法。

考试是汉代察举制度的重要环节。被举者经考试后，由政府量才录用，这样既保证了选才标准能贯彻实行，选出真正的人才，还能保证竞争的相对公平，令下层人士有进入国家管理层的可能。察举各科都有经学内容，被举者也要熟习经学。但察举中还有"明经"一科，是最重要的特科之一。把"明经"特立为一科，说明经学在汉代政治上地位之重要。汉代的读书人无不自幼苦读经书，目的都是应举、入仕。

养士育才和职官制度的一致性，是汉代政治思想统一的重要原因，也是贯彻"独尊儒术"文教政策的关键一环。"汉武帝时期建立太学、博士官制度，使儒家学说制度化，把人才的教育、考查、任用结合起来，实践了孔子所提倡的'学而优则仕'主张，奠定了中国古代文官制度的基础。"[1] 正是因为国家提倡儒学，太学教育又以"五经"博士为教授，而"学而优则仕"。学儒学成为进入官场的主要途径，所以，驱使文人学士都走向了这一条道路。正如《汉书·儒林传》说的那样："自武帝立五经博士，开弟子员，设科射策，劝以官禄，讫于元始，百有余年，传业者寝盛，支叶蕃滋，一经说至百余万言，大师众至千余人。盖禄利之路然也。"

科举制开始于隋朝。开皇七年（587），隋文帝设立了诸州岁贡三人的常贡，有秀才、明经等科。隋炀帝大业二年（606）设立了进士科，这是科举制度的正式创立。秀才试方略，进士试时务策，明经试经术。这样，就形成了一个层次不同，要求各异，有一套完整体系的，国家按才学标准选拔文人担任官吏的分科考试制度。唐朝人沈既济对这历史性的变化说得真切："前代选用，皆州郡察举……至于齐隋，不胜其弊……是以罢州府之权而归于吏部。精罢外选，招天下之人，聚于京师，春还秋往，乌聚云合。"

二　科举制的形成与完善

唐代继续实行隋代创立的科举制并使之更加完善。科举制度就是按照不同的科目来选举人才。考试的科目，分为常科与制科两类。常科每年举行，

---

[1] 张立文主编，周桂钿、李祥俊著：《中国学术通史》秦汉卷，人民出版社2004年版，第89页。

科目有秀才、明经、进士、明法、明书、明算六科。应试者以明经、进士二科最多，高宗以后，进士科尤为时人所重视。制科是皇帝临时诏令设置的科目，名目很多，随时不同，不是每年都考，有一定的随意性。

常科的考生，有两个来源：一个是生徒，一个是乡贡。由京师及州县学馆出身，而送于尚书省受试者叫生徒；不由学馆而先经州县考试，及第后再送尚书省应试者叫乡贡；由乡贡入京应试的通称"举人"。州县考试称为"解试"。应试者须持证件报考，叫作"投牒自举"。考试合格的，州县长官要设"乡饮酒礼"招待，称为"鹿鸣宴"。尚书省的考试，通称"省试"，或称"礼部试"。礼部试都在春季举行，故又称"春闱"，闱是考场的意思。参加进士科考试，当时人称为"举进士"，凡参加进士科考试的人，习惯就称为进士，后来秀才科废除，也常常称作秀才。唐代所谓秀才、举人、明经、进士只表明其出身途径的不同，并不像明清时期是科举的不同等级。

唐代科举制有两个最重要的特点，一是"投牒自举"，读书人不论其出身、地位、财产如何，均可自行报名参加考试，不必由官吏举荐；二是考试定期举行；三是严格考试，录取与否完全取决于考场文章优劣[1]。

唐代对科举考试内容、评价标准及多种形式的考试方法都有明确规定，并且十分完备。各科考试内容、形式和录取的标准都不尽相同。秀才科：试方略策五道，及第分上上、上中、上下、中上四等。明经科：先帖文，然后口试，经文大义十条，答时务策三道。所谓帖文，又称帖经，主要考经文的记忆，及第亦分四等。进士科：试时务策五道，帖一大经，经、策全通为甲第，策通四、帖过四以上为乙第。高宗时，加试杂文，杂文就是诗、赋。此后，试诗、赋各一篇，成为定制。

常科考试及第以前的士人，身份是平民，有"白身""白衣""布衣"等称呼。科举考试合格叫及第，或擢第，或登第，或登科，也单称"中"。

---

[1] 金诤：《科举制度与中国文化》，上海人民出版社1990年版，第48页。

薪火相传 ——儒家文化传承的制度安排

《观榜图》（局部） 台北故宫博物院藏

唐代进士及第称为"进士第"或"前进士",最为荣耀,誉称为"白衣公卿"或"一品白衫"。进士第第一名称为"状元"或"状头"。科举及第以后,就叫有了"出身",也就是初步具备了做官的资格。要获得官职,还需要到吏部参加铨选。唐初每年科举录取的人数很少,但从高宗时起,科举入仕者在官员中的比重不断增加,从而奠定了中国古代社会后期高级官吏由科举出身者担任的格局的基础。

按唐代的制度,由于出身不同,初授官的品级也不同。从授官的规定来看,制科及第最优,其次是秀才,再次是明经,最次是进士。而进士及第却最难,大致是一百人取一、二名。尽管如此,士人所重,惟进士一科。不由进士出身的,终不为美,制科出身反而被视为"杂色"。进士科出身初授虽只九品,但升迁较易,"大者登台阁,小者任州县"。唐代的宰相,大多是进士出身,中唐以后尤其如此。

吏部考试不合格或者连常科也没有及第的士人,只能投靠节度使,充当他们的幕僚,然后经他们推荐,才能授予其他的官职。常科、制科之外,从武则天开始,又有武举,由兵部考试,考试的项目有马射、步射、负重等,高第者可以得官,但选用之法不足道,人们并不重视。

科举制是中国古代最具独创性的考试制度。作为一种取士制度,科举制的推行,使政治权力具有一种开放性和流动性,大批中下层士人由科举考试进入仕途,参与政权,从而在现实秩序中突破了门阀世胄的垄断,扩大了封建皇权的社会基础。由隋唐始创的这种科举制是世界上最早、最完善、最严密的人才选拔制度。从那时起一直到20世纪初废科举制,这种制度延续了1300多年。在中国历史上的各种具体制度中,这是历时最久、变化最小却又是影响最大的一项。可以说,在中国历史上的政治家和文学家、思想家,很少不是通过科举考试而跻身社会上层。中国无数代知识分子的面貌、精神,都是由科举制度塑造出来的。

薪火相传——儒家文化传承的制度安排

唐朝时社会上对科举考试十分重视，当时人把榜上题名、高中科举者美称为"登龙门"。唐人笔记小说《封氏闻见记》说：广大士人弟子无不"酷嗜进士名"，以为"俊秀皆举进士"，榜上题名"百千万里尽传名"，因而视为"登龙门"。所以即使是王公后代、达官贵人，不由科举出身，也总觉得是憾事。那些考中的进士，纷纷写诗，表达自己得意的心情。诗人孟郊考中进士后，写诗道："春风得意马蹄疾，一日看尽长安花。"新进士赵匡写的《及第谣》说："骅骝一百三十蹄，踏破蓬莱五云地。物经千载出尘埃，从此便为天下瑞。"

唐朝每次科举放榜后，还有曲江宴的盛举。曲江在长安城东南，宴时热闹非常，皇家教坊乐队特来演奏助兴，有时皇帝也登上曲江南岸的紫云楼垂帘观看。宴会过后，众进士又到大慈恩寺雁塔题名，以示荣耀。诗人白居易就在雁塔下题过名，他登第时年方27岁，年纪最小，所以题名后有诗云："慈恩塔下题名处，十七人中最少年。"

科举制的推行，对隋唐教育事业的发展有很大的推动作用。唐朝很注重加强学校教育与科举制的联系，到唐玄宗时期，学校被完全纳入科举制的轨道。科举对学校教育的培养目标、教学内容、教学方法又有很明显的影响。学校的培养目标就是参加科举考试，科举考试的内容和方法也就成为学校的教学内容和检查学生学习成绩所经常采用的方法。唐代的国子、太学和四门学的教学计划，都是按照科举九经取士的要求安排的，把经书分为大、中、小三类，并规定通二经必须大小经各一或中经二，通三经必须大中小经各一，通五经必须大经并通，而《论语》《孝经》则为共同必修课。在科举制的影响下，唐代的私学、村学逐渐兴盛。

科举考试主要以儒家经典为内容，这对于结束魏晋以来学校教育所流行的清谈学风和玄虚思想，对于学校教育教学内容的统一和标准的一致以及形成社会读书风气，都有着积极的意义。至于律学、书学、算学的教学科目，也与科举考试的科目完全相同。科举考试一度重视书判、策论和诗赋，学校也随之注重习字、习时务策和作诗赋。

三　宋代科举制的完备化

科举制度自唐代以来，大体形成了以诗赋取士的传统。进士考诗赋，诸科明经只试帖经、墨义。墨义是对经书章句的简单书面问答。宋初因袭唐制，科举也以诗赋取士为主。但与此同时，朝廷十分重视经学教育，并在科举制度的一系列改革调整措施中，逐步加强了经学的比重。宋太宗在位时，就曾明确强调：科举取士，"须通经义，遵周孔之礼。"并于端拱年间，诏令国子监刻印唐代孔颖达《五经正义》，颁行天下。宋真宗尤其重视经学教育，曾自称在东京讲《尚书》七遍，《论语》《孝经》各四遍，并强调："宗室诸王所习，唯在经籍。"咸平三年至四年（1000—1001），又诏令国子监祭酒邢昺等校定《周礼》《仪礼》《公羊传》《谷梁传》正义，加以《礼记》《孝经》《论语》《尔雅》，及孙奭《孟子正义》，合唐人经注，为《十三经正义》，颁行天下，成为法定教材。同年，诏州县学校及聚徒讲诵之所，并赐《九经》。在此之前，又诏令群臣子弟荫补京官或京官出身者，并试读一经，精熟方为合格，从而加强了经学在仕途中的作用，为宋初儒家经学教育的普及和振兴，发挥了重要的促进作用。

太祖开宝元年（968），宋太祖就亲自出面干预礼部省试，并下诏强调："造士之选，匪树私恩，世禄之家，宣敦素业……自今举人凡关食禄之家，委礼部具析以闻，当令复试。"（《宋史·选举志一》）宋太宗雍熙三年（986），宰相李昉、参知政事吕蒙正、盐铁使王明、度支使许仲宣，均有子弟及近亲举进士入仕等。宋太宗认为："此并势家，与孤寒竞进，纵以艺升，人亦谓朕为有私，"（《续资治通鉴》卷十二）随后全部罢免其进士及第与出身。

薪火相传 ——儒家文化传承的制度安排

宋真宗也多次声称："贡举当选擢寒俊。"宰相王旦则严禁子孙、近亲求举进士，其侄子王睦，曾请求参加科举考试，王旦诚以"岂可复与寒士争进！"为由拒绝。

宋初还开始对科举考试、取士的制度及形式，进行了一系列改革和调整。调整的内容包括：废除公荐，禁止称考官为师门、恩门，自称门生，确定殿试制度，实行糊名、弥封、誊录、锁院、别试、唱名及进士同保连坐等制。这一系列改革调整，大体在宋太祖、太宗、真宗三朝完成，从此确定了宋代科举的基本格式。通过这些程式的改革，限制了势家子弟徇私舞弊、势家权臣把持科场的特权，使得科举考试的竞争在形式上获得平等，一大批寒俊庶士得以通过平等的考试，跻入仕途。而以往因考官徇私舞弊引发的举场纷争，也基本消失。真宗大中祥符八年（1015）礼部放榜，合格进士者竟无一人以权门显名。体现了公平考试、广搜寒俊的取士原则。到了仁宗朝，13榜进士中，竟有12榜进士第一名出自平民布衣之家。

宋初科举考试，除诗赋之外，经义占有重要的比重。科举诸科考试中，除进士科外，九

宋《科举赶考图》

经科也最为士人重视。宋太祖乾德元年（963），为了拓宽经学之士的仕进之途，又废除九经"一举不第而止"的旧制，允许依诸科例再试，这对诸生慕心于经学无疑起到奖励的作用。在这一政策的保障下，许多优秀的学者通过九经科跻入仕途，并成为著名的经学大师，主持宋初国子监的教学与研究，如先后担任太宗、真宗二朝国子监祭酒的邢昺、孙奭、孔维，均为九经及第，其经学文章与人品，也堪为后世师表。

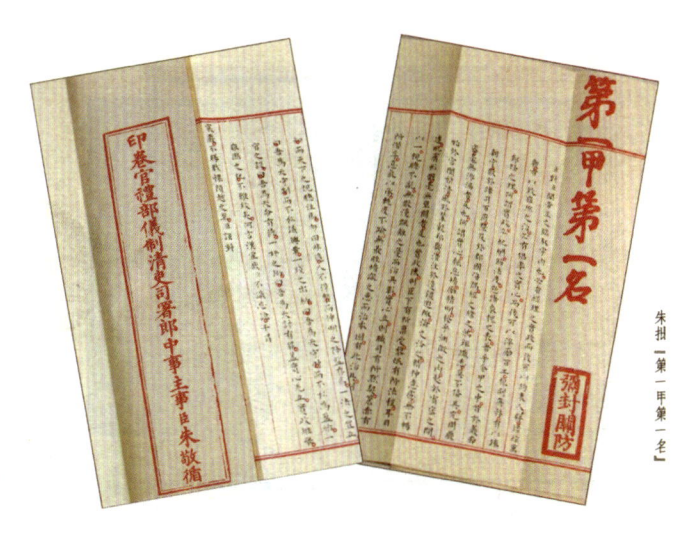

明代状元卷　万历皇帝朱批"第一甲第一名"

仁宗庆历年间，在儒学复兴思潮的推动下，科举改为试策、试论和试诗赋三场，不再考帖经、墨义，重点转向对经典的策、论和经义。熙宁年间，义理思潮兴起，在王安石主持下，科举内容进一步改革，罢试诗赋、帖经和墨义，专考策、论和经义。所谓"经义"，就是根据经书原文摘出的句子或段落作为题目，要求考生阐发其精神要义，采用议论散文形式，跟"论"体相仿。经义专限于从儒家经典出题，考生须在《易》《诗》《书》《周礼》《礼记》中选治一经，兼治《论语》《孟学》。共考四场，全是经义，答卷要求通晓经义，有文采。经义列在策、论之前，意味着儒学对于科举考试的全面支配地位。司马光执政后，虽然废除王安石新法，但在科举内容上仅恢复了诗赋，策、论仍是主要内容。哲宗亲政后，又全改了回去，"进士罢诗赋，专习经义"。

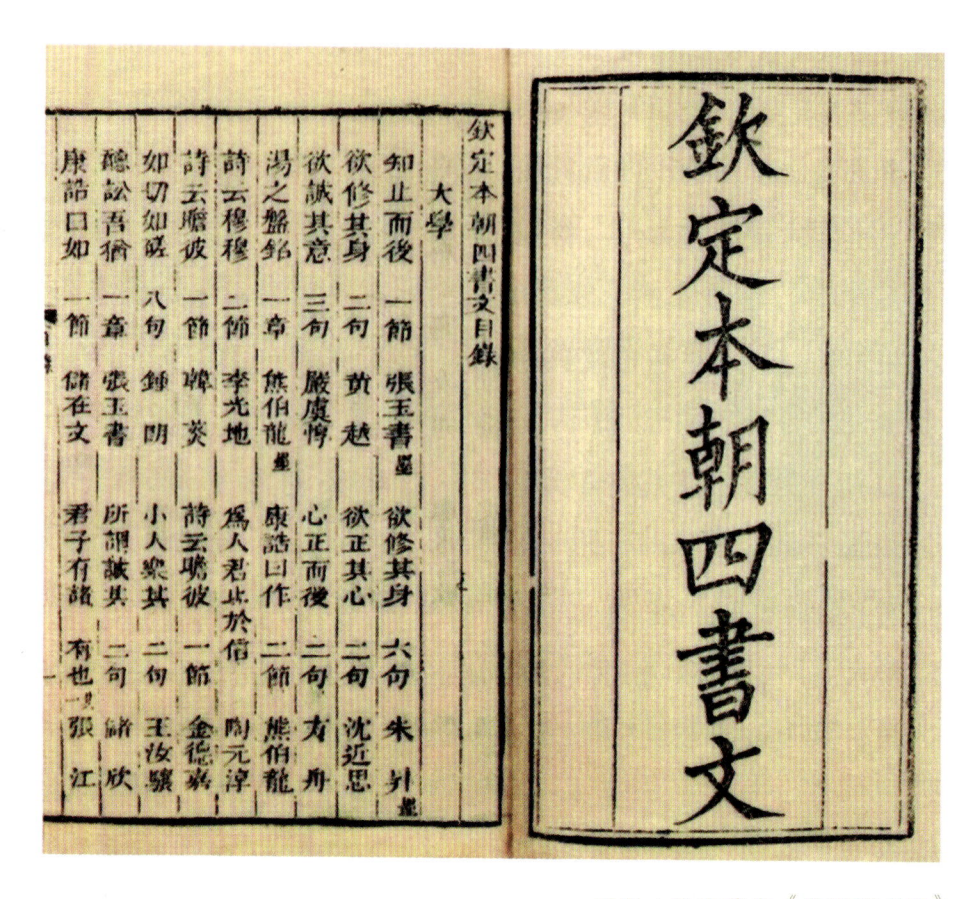

薪火相传——儒家文化传承的制度安排

清代八股文范本《钦定四书文》

科举以义理之学取士,引导学界重义理的倾向,也推进了政界的新儒学化,影响着整个宋代的政治决策。"宋代科举取士之制尽管多有变化,但有两点是始终如一的。一是无论当时或后朝的人们对这种取士制度有过种种非议或改革建议,对以科举网罗贤士、成就人才这一点上,基本是肯定的。宋代的名公巨卿多从此出,群星灿烂,这是事实。二是科举取士作为'重文'对国策贯穿其中,这是不变的。宋代科举盛于前代,独具特色。"[1]

改善科举制度,扩大科举录取名额,抑制势家子弟,广开寒俊仕进之途,是宋初鼓励士人读书进取的重要措施。宋太祖建隆元年(960)始复贡举时,

---

[1] 杨渭生等:《两宋文化史》,浙江大学出版社2008年版,第8页。

进士诸科一榜及第、出身者，不过 19 人。以后历次进士、诸科及第、出身者也不过几人或数十人。开宝六年（973）录取人数最多，进士及第也仅 10 人，复试后加进士 26 人，总共 36 人。宋太宗即位后，大幅度增加录取名额，太平兴国二年（977），一次殿试录取进士及第 109 人，诸科及第 207 人，特奏名进士、诸科出身 184 人，共 500 人。太宗朝 20 年间，进士、诸科登第者近万人之多。

宋代完善的科举取士政策，极大地激发了社会各阶层读书入仕的热情。"宋代科举的合理性可以说是达到了极限，是中国科举史上的黄金时代。"[1] 邓广铭指出："科举制度在两宋时期内所发挥出来的进步作用，所收取到的社会效益，都是远非唐代之所可比拟的。"[2]

以后元明清历代，科举考试制度始终不变。元代科举考试第一场就是考"经义"，主要从朱熹所列定的"四书"出题。规定考生必须遵循程、朱的注疏。科举制度发展到明清，已形成一个层次、等级、条规、名目繁多严苛的庞大体系。明代的科学考试，以"四书""五经"为出题范围，尤其重视"四书"，以程朱理学为答卷标准。明代科举考试一般分为三场：第一场考经义，也就是四书五经；第二场考实用文体写作；第三场考时务策论。成化、弘治以后，文章已形成了定格，即"八股文"。所谓经义考试就是写八股文。这时的科举考试，出题范围既窄，所作之文又只能代古人语气陈说经义。

这样，科举制度逐步完全支配了学校教育，而儒家文化在科举指挥棒的指挥下，又完全支配了学子们的价值取向。

---

[1] 王育济等：《中国文化发展史》（宋元卷），山东教育出版社 2013 年版，第 6 页。
[2] 邓广铭：《宋代文化的高度发展与宋王朝的文化政策》，《历史研究》1990 年第 2 期。

四　科举制的世界影响

中国的科举制度对周边东亚地区国家也有深刻的影响。朝鲜的新罗时期，仿唐科举考试制度，制定了以儒学经典和汉学作为选择人才的主要考试科目的"读书三品出身法"，依学生结业成绩上中下三等录为各品官吏，规定"读春秋左氏传、若礼记、若文选而能通其义，兼明论语、孝经者为上。读曲礼、论语、孝经者为中。读曲礼、孝经者为下。若博通五经、三史、诸子百家书者，超擢用之。前只为弓箭选人，至是改之"（《三国史记》卷十"新罗本纪第十"）。

"读书三品出身法"以法律形式固定了以学习儒学经典和汉学选拔人才的新制度，不仅提高了"国学"的地位，而且为大规模吸收和推广盛唐文化开辟了广阔的道路。

高丽始设科举试时，大抵采用唐制，其科举科目、策试内容、命题教材等，多"拟诸中华"，仿效宋朝。主要"以诗、赋、颂及时务策，取进士，兼取明经、医、卜等业"。科举考试科目主要包括进士科、明经科、杂科。进士科试以诗、赋、颂等，以文章选才；明经科试以儒学经典，按其理解程度取士；杂科则设有律令、医、卜等考试科目，选拔具有特殊技能的人才。仁宗十七年（1139），礼部贡院还奏明按照北宋范仲淹对科举考试的主张，"先策论以观其大要，次诗赋以观其全才。以大要定其去留，以全才生其等级。斯择才之本，致理之基也。"又对科举法作了详细规定，设制述业、明经业、明法业、明算业、明书业、医业、地理业、何论业、三礼业、三傅业等考试科目，使试举科目更为全面、系统。不久又仿北宋之制，行弥封誉录之法。

恭愍王十六年（1367），成均馆大司成李穑与同僚知贡举李仁复一起上书，请求在丽朝实行元朝的科举法。据《高丽史》载，时隔两年之后（1369），恭愍王下令用元朝乡试、会试、殿试之制，而此时已是明太祖洪武二年了。

同年，明太祖遣使向丽朝通报灭元建国情况。又次年（1370，明洪武三年，丽恭愍王十九年），明朝颁布科举制度。同年，即遣使丽朝颁布科举程式，其中规定第一场试"五经义"，所指定阅读的经书传注，也是以程朱学为主。

李朝建立之后，整顿了高丽末期科举制度的混乱状态，制定了相应的规定，把科举制度作为选拔和任用官吏的主要制度。

李朝的科举考试主要分文武两科。武科是为录用武官进行的考试，文科则是为了录用文官进行的考试。文科必须经过三次考试，第一次是在地方，第二、第三次则在中央。三次考试合格者称及第，及第者大都被录为相应的文官。文科考试科目主要有儒教经典的解释（讲经）、有关现行政策问题的论文（对策）以及各种形式的汉诗文。《李朝太祖实录》载：

> 所通经书，自四书、五经、通鉴已上通者，以其通经多少，见理精粗，第其高下为第一场；入格者送于礼曹，试表章古赋为中场；试策问为终场。通三场，相考入格者三十三人，送于吏曹，量才擢用。

除文科外，还有生员试和进士试，同样把儒学当作主要考试科目，也要经过两次考试。生员试是以解释儒教经典为主的考试，进士试是以作汉诗文为主的考试。合格者前者称为生员，后者称为进士。生员和进士虽然不能马上被录为官吏，但可随时参加文科考试，是一支将被录为官吏的官僚后备队。

实行以儒学典籍为主要考试内容的科举制度，对于推动社会形成学习儒学的风气起到很大作用。如美国学者赖肖尔说的那样："李朝极端重视汉人文科学，统治阶级全都致力于儒家经典的研究。"

> 特别是这一时期完全效法了汉式科举制度后，使得整个统治阶级对为他们的统治辩护的儒学概念和经文更加感兴趣。既然精通儒家思想和哲学为他们的成功和成名铺平了道路，那么，新一代朝鲜

薪火相传——儒家文化传承的制度安排

人因此而萌发的雄心便是刻苦研读儒家经典，以期将来能够成名和捞取一官半职，荣宗耀祖[1]。

越南历代王朝不仅开展尊孔活动，提倡崇儒之风，而且全面移植中国教育制度和科举制度，广泛开展儒学教育。

1075年，李朝首次以科举取士，选拔文学之士入朝做官。这是越南历史上最早的一次科试，选中10人，首科为黎文盛。史籍有载，李仁宗太宁"四年（1075）春二月，诏选明经博学及试儒学三场，黎文盛中选，进侍帝学"（《大越史记本纪》卷三《李纪》二）。此黎文盛后官至太师。科试的内容都是儒家经典。士人欲以科举为进身之阶，便应埋头儒家经典。儒学通过科举制度与仕途相结合，获得了更高的地位，兴起了学习儒学之风。

1076年，李朝立国子监，延请文学之士任教，建立起以儒家学说为核心内容的正规教育，从而在社会上形成了一个按照儒家思想培养出来的儒士阶层。1185年，李高宗"试天下士人，自十五岁能通诗书者，侍学御筵，取裴国忾、邓严等三十人，其余并留学"（《大越史记本纪》卷三《李纪》三）。李朝仁宗、英宗、高宗在位100多年的历史，开科3次。

陈朝时进一步完善和发展了科举制度。陈朝开科取士自陈太宗建中八年（1232）始。这一年，"开太学生科试（考进士）从李朝之时起已有儒士之试，但只三库之试而已，到此时才有太学生科试，分出次第，以三甲定高低。"[2]到了陈朝末年，科举之法已与中国大略相同。在陈朝，从太宗到睿宗的80年间，共开科7次，科举及第者将获得荣誉、地位和丰厚的物质利益，所以对文人士子产生了极大的吸引力。

后黎朝还继续实行并健全了以儒学为内容的科举考试，扩大科举制的影

---

[1] [美]费正清、赖肖尔和克雷格著，黎鸣等译：《东亚文明：传统与变革》，天津人民出版社1992年版，第304页。

[2] [越]陈重金著，戴可来译：《越南通史》，商务印书馆1992年版，第86页。

响。黎太祖令文武官员四品以下者，必须应明经科考试，文官考经史，武官考武经。在各路也开明经科试，以选拔人才。史称黎太祖"置百官，设学校，以经义、诗赋二科取士，彬彬有华风焉"。

黎朝的科举方法与中国基本相同。黎朝科举参照大明会典，定三年一比，试法亦仿明制："第一场，四书论三题，孟四题，中庸一题，总八题，士人自择四题作文，不可缺五经，每经各三题，独春秋二题；第二场诗赋各一，诗用唐律，赋用李白；第三场诏制表各一；第四场策问，其策题则以经史同异之旨，将帅韬钤之蕴为问。"中第者不仅要通晓中国经史，而且也须有相当的汉文学修养，善于吟诗作赋。

黎圣宗时科举制之盛达到越南历朝顶峰。黎圣宗在位38年间，开科12次，取士511名。科举制度不仅为朝廷选拔了大量掌握儒家思想的各级官吏，同时也在社会上大大提高了儒学的地位。黎宪宗时开科，应试者达5000余人。科举兴盛，应试者多，正是反映了儒学影响的广泛。黎朝时研究儒学、著书立说者甚众，名儒辈出，其中有阮秉谦、潘浮先、吴士连、黎贵惇等著名儒学大师。

阮朝建国之初，便依前朝之制，在京都设国子监，教授各官和士子之子弟。开乡试选拔有学问的人出仕做官。阮朝的科举制度一直持续到20世纪，直到1919年，才最终停罢科举。比中国清朝废科举还晚了十多年。

明后期来华的欧洲传教士们对中国的教育和科举制度十分瞻仰。他们注意到中国通过科举考试来选拔人才、选拔官吏的制度，并且都用了很多笔墨来介绍这种制度。《利玛窦中国札记》中有对中国科举考试制度非常详细的介绍，对中国科举考试制度及考试内容颇为赞赏。他说，中国"最隆重的学位，是关于伦理学的，考中的人，能进身仕途"，而考试的内容就是"孔子曾修订的四部古书，他自写了一部，共有五经。""除五经以外，又有三位或四位作家的各种道德劝言，收集在一起，称为四书"。他进一步解析中国科举考试为什么以"四书""五经"为内容，说："因为这些书里的言论颇为高明，古代的君主便订立了法律，学者都应以这九部书为其学问之基础；只能理解还不够……还要练习，把其中的每一句话发挥成各式各样的文章。因为每个人不可能把这九部书全部读过，以致能以其中任何一句话为题，立刻写成典雅的文章，就像在考试时所要求的。故此每个人都须精通四书，至于五经，每人可任选一部，以应考试。"

传教士们对中国科举考试制度的研究和介绍，在欧洲各国特别是在英国和法国引起高度重视，许多启蒙思想家和其他方面的学者，纷纷表示赞扬这种考试制度。伏尔泰推崇中国的文官制度，认为中国官僚奉行儒家信条，恪尽职守，唯命是从，他们构成一个各部门职能相互制约的和自我调节的好政府，而能够进入这样的衙门工作的官员，都是经过层层的严格考试才被选拔上来的。魁奈在《中华帝国的专制制度》中也有一节专门讨论科举制度，详细地介绍了三级学位的划分和考试程序。魁奈非常欣赏这种制度，希望欧洲也有类似的东西。

第三篇 学术与传统

第八章 经学的形成与发展

一 解经注经与通经致用

儒家学派讲究道统传承。唐代韩愈曾说，儒家之道是由尧舜，经禹汤、文武周公这些先王传给孔子孟轲的，故而又称先王之道、圣贤之道。既是"先王之道、圣贤之道"，那么一代一代的儒家学者必然沿着这条道路，继续地阐释和发挥。近代以来，有人批评古代学者都是"解经注经"，没有学术创新。这是片面的看法，实际上这正彰显了孔子儒学的崇高地位，是中国古代学术思想的源泉和出发点。正像有的西方学者说的，几千年西方学术的发展，都是对柏拉图著作的注脚，基督教神学的发展都是对奥古斯丁著作的注脚。因为柏拉图和奥古斯丁正是西方哲学和基督教神学的源泉和出发点。

不过，在两千多年的历史中，"解经注经"也是一个不断创新发展的过程。汉代有古文经学与今文经学之争，实际上是对如何解释儒学的讨论。到了宋代，又有了理学。在元明时期，理学又有新的发展和新的表述。而在这个过程中，一方面，孔子儒家思想的正统地位进一步加强和巩固，另一方面，儒家学说不断增添了新的内容。这种变化，既反映了时代的变化，也反映了人们认识水平和思辨能力的提高。经过不断的创新和改造，儒家思想才得以延续发展，发扬光大。

一代一代的儒家学者都对儒家思想的发展创新，作出了自己的贡献。正是因为不断地讨论、争辩，突破旧的思维模式，实现思想观念上的创新，才使得儒家思想生生不息，保持着强大的生命力。

在汉代，"独尊儒术"文化政策的推行，使儒学成为汉代文化思潮的主流，被儒家奉为经典的"六经"的研究也成为一门专门学问——经学。作为由统治者所"法定"的典籍"六经"，被赋予神圣的性质，奉为指导一切的常法。因此，"六经"不仅是官方颁布的教科书，更主要的是已经成为官方意识形态的体现者，即由皇帝钦定的国家与社会的指导思想，控制社会、维系统治的重要工具和行为规范准则。[1]

明杜堇《伏生授经图》 大都会艺术博物馆藏

这种国家经典的确立对于汉代及其以后学术思想文化意义重大。美国汉学家陆威仪（Mark Edward Lewis）指出："这种国家经典，不但使皇帝成为帝国价值体系的倡导者与捍卫者，还使他成为践行这些价值的人所仿效的楷模，以及为人们所共享的教育和文化生活的基础。最后，共同的文化体系把所有从事帝

---

[1] 龚书铎总主编，黄朴民等著：《中国文化发展史》秦汉卷，山东教育出版社2013年版，第48页。

国事务以及渴望为帝国服务的人都连接起来。在后来的若干世纪里,通过传统戏曲、大众文学以及启蒙读本等方式,文化开始渗透到社会底层。"[1]

经学是汉代官方之学。所谓经学,乃是指历代专门训解和阐发儒家经典文义与理论之学。两汉经学的本质是汉代统治者有意识地提倡、发扬儒学的经典化、教条化[2]。

"通经致用"是汉代经学的一条重要原则,它包括两方面的内容:一是"通经",要求学通经书;二是"致用",要求以经学用世。今文经学派注重学经义,经师说经也以"大义微言"为主,目的在于利用经说为现实的政治服务,表现了崇尚功利的学风。古文经学是按经书的字义解释经文,不凭空臆说,具有朴实的学风,后世称之为"朴学"。

儒学应当致用,这是汉代儒师的共同主张,但是,如何致用,今、古文两派却各有异同。它们都注意通过培养具有儒学修养的人才为封建王朝服务,如前文所述,今文学大师更急于事功,甚至不惜以儒经附会政事,而古文经大师在政治上有复古倾向,反对迎合世务。

经学在汉代还有很强的实用性。自从汉武帝提倡经学以来,人们无论做什么事都要到经书中去找依据,上自朝廷的封禅、巡狩、郊祀、宗庙一类大事,下至庶民的冠婚吉凶终始制度,都以经典为准。官僚政客上朝言事、礼仪外宾,缙绅大夫待人接物、举措应对,都必须引经据典,就连帝王的诏书也充斥着经文典故。不少笃信儒家信仰的忠义之士,他们敢于为民请命,直言极谏,又以儒学律己,修身砺志,保持高尚的德操,这是汉代经学"通经致用"的又一重要原则的表现。

---

[1] [美]卜正民主编,《哈佛中国史》,[美]陆威仪著,王兴亮译:《早期中华帝国:秦与汉》,中信出版公司2016年版,第4页。

[2] 龚书铎总主编,黄朴民等著:《中国文化发展史》秦汉卷,山东教育出版社2013年版,第133页。

二　今文经学与古文经学

"独尊儒术"虽然结束了"百家殊方"的局面，但是并未结束学术思想的争鸣。在汉代，儒学内部的学术争鸣，始终十分活跃，并且形成了不同的流派，笼统地说可分为今文经学和古文经学之争。不过，今文经学和古文经学，在推崇孔子、推崇"五经"上没有什么区别，在信奉大一统论、天人感应论、纲常名教上也没有什么区别。

汉武帝"独尊儒术"，政治、思想、文化领域都被儒家经典一统天下。但其时历经战乱兵燹，先秦儒家的典籍，原本多佚，只是在民间通过师徒父子口授相传。如田何传《易经》，伏生传《书经》，申培传《诗经》，高堂生传《礼经》，公羊、谷梁两家传《春秋》。这些儒家经典皆是用当时流行的文字隶书记录整理而成，故称为"今文经"。当时盛行一时的"经学"也称为"今文经学"。所谓"古文经"，即经各种途径发现的儒家经书，这些经书用古籀文写成。

"经"的"今古文之争"，不仅表现在文字、版本、篇目有别，而且有真伪之辨，更主要的是学术观点和方法上有重大分歧。今文经学和古文经学，治经的立场、观点不尽相同，对经传的解释也有许多分歧，这主要表现在如下方面：

（1）今文经学家认为"六经"是孔子政治思想所托，是其关于政治之道的论述，"六经"中的古史资料，都是孔子"托古改制"之作。因此，他们研究和传授"六经"，偏重阐述大义微言，旨在从"六经"中寻求治国安邦之道。古文经学家则尊奉孔子为史学家，而且认为"六经皆史"，他们研究和传授"六经"，主张遵循孔子"信而好古，述而不作"的原则。

（2）今文经学家竭力迎合统治者的政治需要，在儒学中渗入了大量阴阳五行思想，宣传并相信灾异、谶纬等迷信。古文经学家则反对灾异之说，

隋展子虔《授经图》　台北故宫博物院藏

斥纬书为"诬妄"，他们讲求"实学"，研究经籍中的名言训诂。

（3）今文经学家认为孔子是政治教育家，传授"六经"有"普通科"（《诗》《书》《礼》《乐》）与"专门科"（《易》《春秋》）之分，他们也依这个顺序排列"六经"。古文经学家则把六经视为历史，因此，按他们考证"六经"产生的先后顺序加以排列，即《易》《书》《诗》《礼》《乐》《春秋》。

（4）它们各自所依学统也不同，今文经学以《公羊传》为主，古文经学以《周礼》为主。由于两派占有的材料不同，治经的观点不同，因此对"六经"的解释，对史实的看法也有许多分歧。

从总体上说，今文经学的视角是政治的，讲阴阳灾异，着重发掘经文背后的微言大义；古文经学的视角是历史的，讲文字训诂，究明典章制度，着重探讨经文本义。前者学风活泼，又往往流于空疏荒诞；后者学风朴实，却常常失之烦琐。

从汉武帝至西汉末，今文经学居"官学"正统地位，《春秋公羊传》为其代表经书。以董仲舒为代表的公羊学家，不仅在政治上通过阐发孔子"大一统"的精义，为汉武帝建立专制主义中央集权的大一统的汉帝国提供了理论依据，而且在学术上还通过吸收道家、阴阳家的思想资料，建构起了一个博大精深的经学思想体系。因此，汉武帝时的"儒学独尊"，实质上是今文经学的独尊，是以董仲舒为代表的"春秋公羊学"的独尊。董仲舒正是据此《春秋公羊传》构建起天人一统的图式，对中华传统思想文化产生了至远至深的影响。

西汉末期的学者刘歆对西汉中叶以来盛极一时的今文经学进行过尖锐批评。他认为今文经学"分文析字，烦言碎辞，学者罢老且不能究其一艺"，根本无法达到"用日少而畜德多"，以对人民进行道德教化的目的，因此他要求"存其大体"，尽快结束那种"一经说至百余万言"的烦琐的章句学风。除此之外，刘歆还对今文经学的以家法传授的弊端进行了指责，认为他们"信口说而背传记，是末师而非往古，"他们这样做无非是要达到"党同门，妒道真"的政治目的。

刘歆竭力提倡古文经学。他认为，当时太学中的博士们所传习的经典是在秦焚书之后、由汉初经师凭记忆口耳相传下来的，因此难免会有差错。所以这些用汉初文字记载下来的"今文经"是不完全的，不是全经，也不是真经。只有"古文经"才是真经、全经。而"古文经"又有三个来源：一是鲁恭王在孔宅坏壁中的发现，二是宫廷秘府藏书的公开，三是民间经师的传习。这三者比较起来，当然是从坏壁中和秘府中得到的经典更加可靠。他主张重新研究和整理诸子百家的著作与学说，并强调从中吸取思想营养以改善儒学。

冯友兰说："古文学派是对今文学派的一种抗议性反应，或者也可以看作是一场思想革命。"[1]王莽摄政后，开始推崇古文经，古文经学盛极一时，到东汉时又获得了更大发展，尤其是东汉后期，出了马融、许慎、郑玄等几位著名的古文经学大师，他们深究经义，兼采今文之说，在学术上占有了压倒的优势。

东汉末年的郑玄，不拘泥于师承门户和学派壁垒，遍注古、今文群经，成为集两汉经学之大成的总结性人物。郑玄的注解成为此后一千多年儒家经典的权威解释。后来经过西晋末年的永嘉之乱，今文经典丧失殆尽，而古文经学却流传不绝。事隔一千年之后，在清末时今文经学才重新出现。

三 经学变种谶纬神学

在汉代经学发展过程中，出现了经学的变种谶纬神学。谶纬是汉代学术界所普遍热衷的话题，对两汉思想文化的演变曾产生过深刻而全面的影响，为当时的社会政治生活也打上了特殊的烙印。谶纬对社会的影响是全方位的，其具体表现形式也是多种多样的，但是概括起来，最有典型意义的是两个方面，一是政治上被一些人用来制造夺取政权或巩固统治的舆论，以论证君权神授天赋的天然合理性；二是学术上被儒生经师所大量征引于自己的著述，以进一步抬高儒家经典的地位，给当时的统治思想添加神秘和神圣的光环。

谶纬作为一种社会思潮，兴起于西汉哀平之际，而盛行于东汉，它是两汉学术思想的重要组成部分。"谶"具有应验、灵验之义，是一种"诡为隐语，预决吉凶"的神秘预言。这种预言被认为发自天帝，是符合天意的，所以又

---

[1] 冯友兰：《中国哲学简史》，生活·读书·新知三联书店2009年版，第228页。

称"符命";为显示谶书的神秘性,往往把它染上绿色,所以又称为"箓";由于常附有图,故也称"图谶"。

谶的起源很早。以符谶为主要内容的天帝鬼神迷信思想,在秦汉之间便已广为流传了,并有着深厚的群众基础。但那时的"谶"与儒家的经义也没有任何联系。随着儒家经学地位的确立和儒家经典被奉为神圣,"谶"逐渐开始与儒家结合了起来。

"纬"是方士化的儒生用神学观点对儒家经典进行解释和比附的著作,它相对于"经"而得名。"经"的本义是织布上的纵丝,"纬"是织布上的横丝。纬书依附于经书,正如布上的纬线与经线相配一样。因而,用神学观点来解释经书的书,被称作"纬书"。汉代儒学有"五经""七经"之说,纬书也有"五纬""七纬"之称。纬书托名孔子,说是孔子编成了《六经》之后,深恐经文深奥,所以另立纬和谶,使它们变得通俗一些。纬书的基本内容和主要倾向都是把儒家经典神秘化和宗教化,它认为国家的治乱兴衰,帝王将相的出现,都是由天命安排好的,"其兴,必有祯祥,其亡,必有妖孽"。由此可见,纬与谶是有差别的。"纬"只有在把儒家的经典奉为神圣以后才出现。但由于纬书中也有谶语,所以后来往往把谶和纬混为一谈,通称为"谶纬"。

董仲舒就很热衷于符瑞与灾异。董仲舒认为,王者将兴,必先有符谶出现。如:《书》中所说的"白鱼入于王舟,有火复于王屋,流为乌",大概就是"受命之符也"。董仲舒还进一步认为,君主为政的好坏也有符瑞与灾异以应验。如果君主勤政爱民,奉天行事,政绩斐然,则有"天瑞应诚而至";相反,如果国家"将有失道之政",则上天"先出灾害以谴告之,不知自省,乃出怪异以警惧之,尚不知变,而伤败乃至"。因此,董仲舒说:"天人相与之际,甚可畏也。"董仲舒的这种王者将兴必有"受命之符"与"推灾异之象于前,然后图安危祸乱于后"的思想,与秦汉间以宗教预言为主要内容的鬼神符谶极为相似。

薪火相传——儒家文化传承的制度安排

汉儒进一步将今文经学中的神学因素扩大、膨胀，开始在"经"之外制造出一些以宗教迷信来解释、神化儒家之"经"的"纬"书。这些"纬书"在"经"的章句之外，附会出一套迷信说教，制造了许多神话，这些神话不仅神化了封建皇帝，更重要的是把儒家的圣人孔子变成了通天教主。这样，原来以经学家个人名义作出的预言全都被附会到了生人孔子的名下。这不仅提高了预言的神圣性，也增加了被当权者采纳的机会。

谶纬的内容十分庞杂，涉及自然、社会、人事各个方面，其中有解释儒家经典思想内容和文字训诂的，有讲天文、地理、历法的，有对古代历史、神话传说、典章制度加以记载的，它把当时人们所掌握的自然科学、社会科学的知识都纳入一个依附经学的神学体系中去。谶纬的内容虽然神秘、繁杂，但其精神实质仍然是以董仲舒为代表的今文经学的学术思想为基础的，尤其是对天人感应论作了进一步发展。

谶纬思想得到了汉朝皇帝们的信奉和支持。哀帝时，夏贺良根据谶纬劝皇帝更改年号，认为这样即可挽救社会危机。他说："汉家历运中衰，当再受命，宜改元易号。"哀帝听信此言，立刻改号为"陈圣刘太平皇帝"，改建平二年（前5年）为"太初元将元年"，以应谶语。外戚王莽制造符命，对谶纬的发展起了推波助澜的作用。

刘秀当上皇帝以后，更加迷信谶纬，经常以图谶裁决政事，凡是一切制度、服色以至大臣的任命都假托图谶来决定。建武中元元年（56年），刘秀"颁布图谶于天下"，把谶纬神学作为官方的统治思想。到明章二帝时，谶纬在皇帝的倡导下发展成为一种风靡一时的学问，臻于极盛。当时的儒者、士大夫争学图谶，致使谶纬渗透到意识形态各个领域，成为东汉重要的社会思潮。对谶纬的态度和掌握谶纬之学的水平高下，成了考察是否忠诚朝廷、拥护国策的政治标准，成了衡量其思维能力、学术水平的主要尺度，成了决定其在仕途上是加官晋爵抑或遭贬废置的重要因素。谶纬之学对社会生活的影响，的确巨大，令人窒息。它拥有绝对优势的力量，规范着当时几乎所有的儒生的行为方式。

四　皇帝出面主持的学术会议

汉朝实行"独尊儒术"的文化政策，把儒家思想作为王朝的指导思想，也有一个逐步推广完善和不断强化的过程。

汉武帝采纳了董仲舒的建议，"罢黜百家"，褒显儒术，建立"五经"，为置博士，使儒家从此成为封建思想的正统，是汉代建立统一的封建思想的第一步。

由于汉武帝时的五经博士所用的"经书"皆用"今文"写成，故当时的经学都是今文经学。但当时真正受到汉武帝赏识的主要是董仲舒在吸收道家、阴阳家思想资料基础上建立起来的"春秋公羊学"，因此武帝时的官方哲学只是公羊学派的一家之言。这种情况引起了其他经学派别的不满，尤其是随着以发挥《春秋》义理为己任的另一派"春秋穀梁学"势力的不断壮大，今文经学内部的矛盾便日益激化起来了。经学是官学，是现实政治的指导思想，它不能允许内部的严重分化，因为经学内部的不统一必然会导致政治指导思想的不统一，而这对于大一统帝国的政治稳定是极为不利的。这样，经学内部的学术分化与学术论争就不仅是学术上的问题，它更是现实政治上的一个大问题，所以政治权力干预学术发展就成为不可避免的事情。

在这种情况下，汉宣帝在甘露元年（前53年）召开了一次讨论《公羊》《穀梁》同异的会议，结果在宣帝与五经名儒萧望之的扶植下，《穀梁》获得了与《公羊》相并列的地位。

甘露三年（前51年），由皇帝亲自出面来解决今文经学中存在的矛盾与分歧，形成了一些共同的结论，并在原有博士基础上，增立"大、小夏侯《尚书》，后又立京氏《易》"为博士。由于这次会议是在中央殿北藏秘书的石渠阁召开的，故称"石渠阁会议"。这次会议讨论的议奏共155篇，被编成《石渠议奏》一书。白寿彝先生指出："石渠阁奏议是汉代以皇权专制的儒学形式进一步控制学术思想的标志。"[1]

"石渠阁会议"是汉代经学发展史上的一次非常重要的会议，它缓和了今文经学各派的矛盾，使今文经学由分歧走向统一，为建立统一的经学铺平了道路。

两汉之际，天下散乱，礼乐分崩，典文残落。东汉政权建立后，汉光武帝采取了兼收并蓄、普遍扶植、分别利用的政策。首先是"复置颜氏、严氏《春秋》，大、小戴《礼》"等今文经学博士；不久又决定增立古文《左传》为博士；同时"宣布图谶于天下。"这样，经学中的三个各自独立的派别在东汉前期都得到了进一步发展的机会。但是到这时，经学本身所固有的致命性的弊端也全部暴露了出来。经学各派众说纷纭，没有一个统一的规范性的说法。"五经章句繁多"，圣人的"微言大义"被淹没在烦琐支离的"碎语"之中，越来越模糊。针对这种情况，光武帝在"中元元年诏书"中便"议欲减省"。汉明帝时又欲"使诸儒共正经义"。

为了克服经学的弊端，汉章帝于建初四年（79年）亲自主持召开了一个"讲议五经同异""使诸儒共正经义"的经学会议，即所谓的"白虎通会议"。参加这次会议的有贾逵、丁鸿、杨终、班固、李育、楼望、成封、桓郁等数十位今文经学家、古文经学家，讲议"五经"同异。"白虎通会议"的根本目的是要统一学术思想，对两汉之际今、古文经学论争以及谶纬等学术思潮进行总结。在这次经学的讨论会上，今文经学家以李育为代表，古文经学家以贾逵为代表，双方展开了激烈的辩论。

这次会议历时几个月，经学各派求同存异，互相协调，封建统治思想在

---

[1] 白寿彝：《中古时代·秦汉时期》，中国友谊出版公司2010年版，第6页。

儒家经学的形式下逐步走向统一，并最后在皇帝亲自"称制临决"的基础上，由班固整理编辑成书，制定出了一部"汪汪乎丕天之大律"的经学理论法典《白虎通义》。周桂钿、李祥俊所著《中国学术通史》秦汉卷指出："《白虎通义》由朝廷颁布天下，在当时具有国家法典的性质，它集合了大批经学家有关经学的建议而最后由皇帝裁决，以儒家经学为依据制定出一套服务现实社会问题的统一的学术体系，它是汉武帝独尊儒术、确立经学统治地位的思想统一政策的继续。"[1]

《白虎通义》是在董仲舒及谶纬神学基础上发展起来的一种官方学说。就其主导思想而言，它是全面阐述、应用了以董仲舒为代表的今文经学的观点，即大一统论、天人感应论、三统论等。它沿着董仲舒开辟的"天人感应"的思想路线，以至尊的"天神"和由"天神"派遣到地下的"五帝""五神""五精"为基础，大量引用图谶纬书解释经义，建构起了一个庞大、完备的以论证"君权神授"为目的的思想体系。它以阴阳五行学说为理论构架，全面论证传统宗法等级社会的三纲五常之类的伦常规范是其核心内容，为了这个目的，它打破了今、古文经学之间的界限，也打破了经学与谶纬之间的界限。

从汉武帝到汉章帝，经过了 200 余年的努力，皇帝亲自出面，主持御前会议，编纂统一儒学经典，完成了统一儒学的任务。所谓统一的儒学，并非泯灭了儒学内部的流派，而是指建立了符合统治者要求的，为儒家各派遵奉的统一的政治原则。在这一原则指导下，汉王朝又将先秦原始儒学改造成为适应汉代统治需要的官方儒学。这种儒学以三纲五常为核心，以宗教神学为形式，负有强化君父统治的职能，《白虎通义》就是官方儒学的典型代表。

---

[1] 张立文主编，周桂钿、李祥俊著：《中国学术通史》秦汉卷，人民出版社 2004 年版，第 100 页。

五 儒学复兴与儒玄兼修

东汉末期，经学日趋没落。到魏晋时，随着佛学的传入和玄学的兴起，学术思想领域出现了比较复杂的局面，削弱了"五经"作为儒家思想的核心作用。

经学是汉代学术文化发展的主流。东汉后期，经学和谶纬神学思想逐渐衰落，儒家的伦理纲常之治已丧失了维系人心的功能。特别是东汉末年的社会动乱，更使经学日益衰微。魏晋时期，兴起了一种"玄学"思潮，取经学而代之，成为学术文化的主流。

所谓"玄学"，就是用道家的老庄思想糅合儒家经义而形成的一种哲学思潮，由《老子》《庄子》和《周易》这三部号称"三玄"的书而得名。玄学即以研究《老子》《庄子》和《周易》这"三玄"为基本内容，一般通过清谈的方式，加以推究、发挥，从而探究宇宙和人生的本原与奥秘。玄学的基本特征是崇尚"玄远"，故玄学又称"玄远之学"。玄学的学术内容，概括地说，是以"三玄"为经典，会通儒道、旁及名法诸家学说，采取思辨哲学的方法与形式，探讨"有无""本末""体用""言意""动静"以及"自然"与"名教"等范畴，并对天人关系等问题赋予了新的含义和论证。从根本上说，玄学的学术主题是名教与自然之辩；其终极的目标，是试图从理论的高度，重建名教与自然的关系。

与此同时，还有佛学的传播和影响。佛教传入中国之后，经过东汉三国那个小规模的阶段，如涓涓细流般逐渐地在中国传播开来，逐渐为一些中国人所了解、所接受，并开始初步的佛事活动，而进入两晋南北朝时期，则汇成了滔滔大河，波涛汹涌，成为一幅文化交流与传播的宏大文化景观。作为一种外来文化，作为一种外来的宗教，作为一种外来的思想文化体系，当成为滔滔江河般涌来时，给中国人在思想观念和习俗文化上带来了巨大冲击，给中国传统的文化、中国传统的宗教和中国传统的思想体系提出严峻挑战。一个严密的中国文化体系的大门，被佛教的力量冲撞开了，佛教以及被佛教裹挟着的各种文化形态奔腾而来，甚至登堂入室。面对着这样的冲击、冲撞和挑战，本土的思想文化披挂上阵，仓促应战，与之进行激烈的、尖锐的思想交锋和学术论辩，演绎成两晋南北朝时期波澜壮阔、丰富多彩的思想文化大论战，极大地促进了中国思想文化领域的大交流、大辩论、大变革、大发展。这是中国思想文化史上一个空前活跃的时期，一个百家争鸣、新论迭出的时期。

在这样新的局面下，"独尊儒术"被打破，儒学的经学也面临着新的挑战。到了西晋后期，曾经在东汉后期和魏晋之际陷于困境的儒家学说，再次受到人们的重视。晋室东迁，儒学的地位进一步提高，玄学则向两极分化，一是与佛学开始合流，一是继续与儒学结合。表现在士大夫们身上，便是一种亦儒亦玄、儒玄双修的思想风貌。

东晋王朝建立之初，出现一个新《尚书》本的学案。建武元年（317年），豫章内史梅赜曾将一部用隶书写成的新的《尚书》献于朝廷。不久，豫章太守范宁因感隶书传授不便，改用当时流行的楷书写出，并撰成《尚书集解》10卷。稍后，谢沈注《尚书》15卷，李颙注《尚书》10卷。于是，新本《尚书》在东晋一朝广泛流传。后来，南朝宋姜道成、梁费魁分别作《尚书集解》10卷、《尚书义疏》10卷，至唐孔颖达奉唐太宗诏命撰《尚书正义》时，仍然是以新《尚书》本为底本。这个新《尚书》本与两汉时期的今文本和古文本已多有不同。后经明人梅鷟、清人阎若璩等人认定，新《尚书》本为西晋皇甫谧所造。

在其他儒家经典方面，东晋时期学者也做了许多注释工作。孙毓著《诗同异评》10卷，评毛公、郑玄、王肃三家注的优劣，而偏重三国魏经学家王肃所注。干宝在贾逵、马融、郑玄、王肃等人编注《周礼》基础上，作《周礼注》

13卷。江熙在郑玄、何晏、卫瓘诸家编注《论语》的基础上，撰成《论语集解》10卷。另一名训诂学家郭璞在樊光、李巡等注《尔雅》的基础上，旁征博引，作成《尔雅注》3卷。在《春秋左氏传》方面，东晋时流行的主要是西晋杜预撰成的《左氏经传集解》30卷。为《春秋公羊传》作注者，则有王愆期注《春秋公羊经传》13卷和孔衍撰成的《春秋公羊传集解》14卷。为《春秋穀梁传》作注者，为孔衍《春秋穀梁传集解》14卷，徐邈注《春秋穀梁传》12卷，范宁《春秋穀梁传集解》12卷等。另外，由于门阀大族重视门第阀阅，故为《仪礼》作注者亦不少，其中被誉为"当世儒宗"的太常、太子太傅贺循，就撰有《丧服要》6卷、《丧服要记》10卷、《丧服谱》1卷和《葬礼》1卷等。

孔衍是东晋儒家学者中一位值得注意的人物。孔衍字舒元，鲁国人，为孔子22世孙。早年晋元帝司马睿还是琅琊王时，便被引为安东参军，专掌记室。及至司马睿即帝位，他出任中书郎，领太子中庶子。后为王敦所恶，被启出为广陵太守。孔衍是一位"经学深博，又练识旧典"的儒学大师，一生著述百余卷，几百余万言。

东晋儒家学者大都兼通玄（道）学，玄学之士亦兼通儒学。他们都在走着儒玄双修的道路，差别只是"以儒释道"或"以道释儒"。儒玄兼修是东晋士人的一大特色。如虞喜，"束修立德""博闻强识"，但他"高枕柴门，怡然自足"，颇得玄风的旨趣。一代"儒宗"徐苗，既"作《五经同异评》，又依道家著《玄微论》，前后所造数万言，皆有义味。" 江惇"性好学，儒玄并综。每以为君子立行，应依礼而动，虽隐显殊途，未有不傍礼教者也。若乃放达不羁，以肆欲为贵者，非但动违礼法，亦道之所弃也。乃著《通道崇俭论》，世咸称之。"

当时不少有见识的士人，走的都是儒玄兼综之路。他们认为儒学具有通六艺、重教化、定人伦、齐风俗的积极意义，是个人修身、齐家乃至治国、平天下的根本。对于道家学说，他们也并不排斥，强调要得老庄之学的自然情趣，主张要依礼而动，而不应疏狂肆纵。这些儒玄双修、儒本道末的人生哲学，在当时士大夫的思想风貌中得到充分的表现。

六　十六国和北朝的儒学

在十六国政权中，除前凉、西凉、北燕以外，皆为内迁的匈奴、羯、氐、鲜卑、羌等少数民族所建。各少数民族统治者都认识到，为了维护他们在中原地区的统治，加强对广大的汉族人民和少数民族人民的控制，需要得到儒家思想的帮助。因此，在当时各少数民族统治者中，对儒学的重视程度是十分明显的。

前赵创建者匈奴人刘渊和后赵建国者羯族人石勒等人都热衷于学习汉文化，特别推崇儒学。石勒对儒学非常称赞，认为是治国安邦所必不可少的学说，又起用张宾、张班、孟卓等士人，实行汉时征辟察举和魏时九品之制，令群僚及州郡岁各举秀才、至孝、廉清、贤良、直言、武勇之士各一人。他的第二子石弘，"受经于杜嘏，诵律于续咸""虚襟爱士，好为文咏，其所亲昵，莫非儒素"。石勒的从子石虎，"颇慕经学，遣国子博士诣洛阳写石经，校中经于秘书。国子祭酒聂熊注《穀梁春秋》，列于学官"。

在辽东地区，前燕建国者鲜卑族人慕容廆更是崇尚儒学。当西晋二京倾覆时，慕容廆遥奉晋室，虚怀引纳流亡至该地的儒士，并委以重任。他本人在"览政之暇，亲临听之，于是路有政声，礼让兴矣"。慕容皝执政以后，所选拔的人才多为"经通变异者"。他"雅好文籍，勤于讲授，学徒甚盛，至千余人。亲造《太上章》以代《急就》，又著《典诫》十五篇，以教胄子"。辽东地区的前燕、后燕慕容氏一家数代，都对于儒家之学推崇备至。正因为如此，当中原鼎沸狼烟四起之际，慕容氏以尊奉儒学为号召，并立郡以统治人，遂使"流亡士庶多襁负归之"。

在关中地区，前秦统治者氐族人苻健、苻坚也提倡儒学。如苻坚在枌头亲自祭奠先师孔子，行礼于辟雍，"其太子及公侯卿大夫之元子，皆束修释奠焉"。他的长庶子苻丕，也是"少而聪慧好学，博通经史"。族孙苻登，则是"长而折节谨厚，颇览书传"。

后秦统治者羌族人姚兴，对于儒学格外重视。他在镇守长安时，便与中书舍人梁喜、洗马范勖等"讲论经籍，不以兵难废业"。在执政以后，他每于听政之暇，"引（姜）龛等于东堂，讲论道艺，错综名理"。姚兴的长子姚泓，"博学善谈论，尤好诗咏"。他拜儒学博士淳于岐为师，"岐病，泓亲诣省疾，拜于床下"。由于他的带动，"自是公侯见师傅皆拜焉"。

十六国各少数民族统治者大都接受过儒学的教育熏陶，执政前后也都积极地引用儒士和儒生。他们借助儒家学说，承袭儒家规章制度，取得汉族士人的支持和合作。十六国各少数民族统治者重视儒学，不仅有利于促进各民族的大融合，而且对加速各少数民族向封建化过渡有着积极作用。

北魏道武帝拓跋珪改代建魏之际，曾问儒士李先："天下何书最善，可以益人神智？"李先回答道："唯有经书。三皇五帝治化之典，可以补王者神智。"于是，道武帝告令天下，收集经书，作为治国的方略。又立太学，置五经博士，招收生员达千有余人。接着，道武帝又诏命有司，正封畿、立爵品、定土德、尚黄服、谐音乐和申科禁，要以儒家礼乐制度去取代鲜卑族遗风旧规。天兴三年（400年），道武帝又发出诏令说：

> 世俗谓汉高起于布衣，而有天下，此未达其故也。夫刘承尧统，旷世继德，有蛇龙之征，致云彩之应。五纬上聚，天人俱协，明革命之主，大运所钟，不可以非望求也。然狂狡之徒，所以颠蹶而不已者，诚惑于逐鹿之说，……岂不痛哉。春秋之义，大一统之美……历观古今，不义而求非望者，徒丧其保家之道，而伏刀锯之诛。有

国有家者，诚能推废兴之有期，审天命之不易……如此，则可以保荣禄于天年，流余庆于后世。

这则诏令表明道武帝以儒学作为他立国的理论根据。道武帝以儒家的"受命于天""五德终始"等学说，把北魏说成为前承尧统、后继汉祚的正统王朝，是上应天运、下符人意的合法政权。

相继即位的明元帝拓跋嗣、太武帝拓跋焘、文成帝拓跋㻖和献文帝拓跋弘等人，虽然有的崇道，有的佞佛，但在安邦治民这一重大问题上，也都以儒学为依据。如明元帝本人"非礼不动""礼爱儒生"。他"虚心求贤"，并于永兴五年（413年）下诏分遣使者，巡查和礼请熟通儒学的人出来做官。他还首次"祀孔子于国学，与颜渊配。"太武帝也是"兴于礼义"，强调臣民们"在家必孝，处朝必忠"。神䴥四年（431年），太武帝颁布求贤征士诏，大规模征召汉族士人，中原士族几乎被网罗殆尽。太延五年（439年）平凉州以后，太武帝又将士庶集体徙往平城。当时名儒如刘昞、张湛、宋钦、常爽等人，随众内迁以后，受到太武帝礼遇。他们或献经史之书，或开馆授徒，或修订典章，或著书立说，对北魏汉化和儒学发展均有很大影响。太武帝本人博通诸经，立说著书，又下诏说：为了整齐风俗，示轨则于天下，"今制自王公已下至于卿士，其子息皆诣太学"。

北魏王朝的统治者不但主动吸收儒学，自觉儒化，而且积极推行儒家礼仪制度，多次祭奠孔子，公开举起儒家的旗帜。

北魏崇儒之风，在孝文帝拓跋宏时达到了高峰。据《魏书》记载，孝文帝本人"雅好读书，手不释卷，五经之义，览之便讲，学不师受，探其精奥，史传百家，无不该涉。"他在清徽堂、苑堂给群臣讲经，又亲临太学问博士经义。

在北魏统治者重视儒学的前提下，一时之间，名儒辈出，著述良多，而且名儒们还是"弼谐庶绩""兼达政术"，栖身于政坛。诸如崔宏、崔浩、高允、卢玄、李灵、李顺、李孝伯、游雅、游明根、高闾和李冲等人，都以通晓儒学参与朝政。崔宏之总裁官爵、礼仪，崔浩之制定律令，高允之审定刑律，李孝伯之参与军国机密，高闾之力主班禄，李冲之议立三长等等，对于巩固北魏政权和加速鲜卑族封建化进程，都作出了成绩。

北魏儒士们的治经方法，虽然上承两汉，比较重视师承关系，却并无汉代那种严格的家法，不再专研一经，而是兼通诸经。如梁越"博通经传"和沈重"博览群书，学通诸经"等便是。北魏儒士们不但一改汉儒那种"白首穷经"的思路，而且在从师问道时，不再恪守"夫子步亦步，夫子趋亦趋"的藩篱，强调择师而从和自创新说。如当时儒学大师徐遵明，就先后师事王聪、张吾贵、孙买德和唐迁等人，由于他博采众家之言，自创新说，因而在著述和讲授《春秋义章》时，自成一家之言。

至北齐、北周时期，儒学的发展更是粲然可观。如在北齐，由于文宣帝高洋、武成帝高湛等帝王的重视，使得"横经受业之侣，遍于乡邑；负笈从宦之徒，不远千里。……诸郡俱得察孝廉，其博士、助教及游学之徒通经者，推择充举。射策十条，通八以上，听九品出身，其优异者亦蒙抽擢。"在北周，儒学比北齐更为兴盛。据载："及太祖（文皇帝宇文泰）受命，雅好经术。……由是朝章渐备，学者向风。世宗（明皇帝宇文毓）纂历，敦尚学艺。……泊高祖（武皇帝宇文邕）保定三年（563年），乃下诏尊太傅燕公为三老，……征沈重于南荆，……待熊生以殊礼。……虽遗风盛业，不逮魏晋之辰，而风移俗变，抑亦近代之美也。"

北朝为佛教极盛之时期，北魏贵族达官多崇佛教，儒林人士受帝王好尚之影响而与佛教再生因缘，乃势在必行。吕思勉在论及北朝儒林中人时曾指出："释老之震撼一世，儒家非极专固者，皆不容故步自封矣。"[1]高允为北魏最著名的儒臣之一，而《魏书》称高允"年十余，奉祖父丧还本郡，推

---

[1] 吕思勉：《两晋南北朝史》，上海古籍出版社1983年版，第138页。

财与二弟，而为沙门，名法净，未久而罢。""雅信佛道，时设斋讲，好生恶杀。"高允有篇《征士颂》，其中说："高沧朗达，默识渊通，领新悟异，发自心胸。"此颂虽为沧水太守高济画像，实亦高允夫子自道，其言明显受佛家心论之影响，与吴康僧会《法镜经序》"夫心者，众法之原"之说相通。佛教界或持此心法以讲经撰疏，高允亦以此为研治儒典之不二法门。

北朝传经授业的大儒，亦多如此，如徐遵明、李宝鼎、刘献之、孙惠蔚、卢景裕、李同轨等皆崇佛教。刘献之"每讲《左氏》，尽隐公八年便止，云义例已了，不复须解"。其每每叹道："孔门之徒，初亦未悟……嗟乎先达，何自觉之晚也！"（《魏书》卷八四《儒林·刘献之传》）其言颇具佛家顿教色彩。徐遵明师事王聪、张吾贵均不过一年数月，便弃师而去，同学或以"终恐无成"劝之，遵明说："吾今始知真师所在。"同学问何在，"遵明乃指心曰：'正在于此。'"（《魏书》卷八四《儒林·徐遵明传》）其言与高允如出一辙。徐遵明为北魏后期大儒，当时儒生传《周易》《尚书》及《三礼》，几乎皆出遵明之门。徐遵明还从僧范授《菩萨戒法》。孙惠蔚"周流儒肆，有名于冀方"，"正始中，侍讲禁内，夜论佛经，有惬帝旨，诏使加'惠'，号惠蔚法师焉"。卢景裕"又好释氏，通其大义。天竺胡沙门道悕，每论诸经论，辄讬景裕为之序"。李同轨使梁，梁武帝"遂集名僧于其爱敬、同泰二寺，讲《涅槃大品经》，引同轨预席。兼遣其朝士并共观听。同轨论难久之，道俗咸以为善"。北周沈重，史称"学业该博，为当世儒宗。至于阴阳图纬、道经、释典，无不通涉"，沈重之论三教义，"咸为诸儒所推"。这些情况都反映了当时儒林兼综博涉的背景及学术风气，形成了当时儒佛同讲、道俗同听之盛况。

佛教对经学学者思想的浸染，使佛教教义及其讲经、译经之形式、原则等在一定程度上对经学进行渗透，从而影响于这一时期的经学注疏，讲儒家经典而仿释氏撰为义疏，浸为风气。南北朝时期，经与疏本不在一本，经文与注为母本，义疏则为经注所生之子本。北朝以刘献之为最早，《魏书·儒林》本传称其撰《毛诗章句疏》3卷，此与其未就之《涅槃经注》当取同一体例。《北史·儒林传序》说："通《毛诗》者，多出于魏朝刘献之。"是献之仿释氏所撰之疏，几乎影响整个北朝之学《诗》者。徐遵明"持经执疏"临讲，与僧徒译经时行翻行讲的形式相同。《魏书·儒林》本传称"其学徒至今浸以成俗"。遵明又以永嘉旧本《服氏春秋》为母本，撰《春秋义章》30卷，与慧远的《大乘义章》相映成趣。《北史·儒林传序》说："河北诸儒能通《春秋》者，并服子慎所注，亦出徐生之门。"由此可见，遵明以后，河北诸儒讲《春秋》，所持之经必《春秋》经文及附注，所执之疏多为遵明之《春秋义章》。北周熊安生撰《礼记义疏》，《北史·儒林传序》说："其后生能通《礼经》者，多是安生门人。"《北齐书·儒林传》说："凡是经学诸生多出魏末大儒门下。"又谓诸儒"多自出义疏，虽曰专门，亦皆粗习也"。唐代孔颖达为五经正义，对北朝诸儒之批评持一种基本的认识。孔颖达指出：

原夫《易》理难穷，虽复玄之又玄，至于垂范作则，便是有而教有，若论住内住外之空，就能就所之说，斯乃义涉于释氏，非为教于孔门也。既背其本，又违于注。

他又说："熊（安生）则违背本经，多引外义，犹之楚而北行，马虽疾而去愈远矣"。说明南北朝诸义疏援佛释经之事不少。借用佛教术语阐述儒家伦理，在当时的儒经注疏中也比较常见。孔颖达《周易正义序》所列举的"若论住内住外之空，就能就所之说，斯乃义涉于释氏，非为教于孔门也"，体现了佛教语言对儒经注疏的渗透。"住内住外"之"住"是佛教用语，指事物形成以后的相对稳定状态，"住内住外"就是指事物的本体与现象。"能""所"也是佛教名词，即"能知"和"所知"的简称，指认识主体和认识对象的关系。

北朝儒家讲经与注疏原则与两汉也多有不同。两汉注重文字训诂与章句之义,以合乎文本为阐释原则;北朝则以释疑去惑、追求圆通为目的。这一阐释原则的形成也是受到了佛教讲经、译经之影响。魏晋以来佛经翻译渐趋成熟,形成了佛教译经及讲经追求通大义,能自圆其说、以通滞为上的阐释原则。佛教讲经在圆通的前提下,还追求新异,通滞即意味着除旧立新。佛教讲经以圆通为上的原则的广泛应用也启发了儒家讲经原则的变更,从而使通滞、去惑成为南北朝讲经的共同追求。刘献之、孙灵晖、封伟伯、刁冲、徐伯珍、谢几卿、王元规等皆以善通疑滞而著名。《北史·儒林》说:"魏承丧乱之后,《五经》大义,虽有师说,而海内诸生,多有疑滞,咸决于献之"。刁冲"学通诸经,偏修郑说,阴阳、图纬、算数、天文、风气之书莫不关综,当世服其精博,刺史郭祚闻其盛名,访以疑义,冲应机解辩,无不祛其久惑"。《梁书·儒林》说:"自梁代诸儒相传为左氏学者,皆以贾逵、服虔之义难驳杜预,凡一百八十条,元规引证通析,无复疑滞"等等。释滞去惑、追求圆通之原则在儒经注疏中的体现儒家讲经重视,去惑、释滞之原则在其注疏中也得到了较好的实践[1]。

北朝儒士讲经论难的风气,也与僧徒讲论佛经相类似。周末隋初,元善讲《春秋》,"初发题,诸儒必集。善私谓妥曰:'名望已定,幸无相苦。'妥然之。及就讲肆,妥遂引古今滞义以难,善多不能对"。(《隋书》卷七五《儒林·元善传》)讲经先发题,再就讲肆的形式,此前汉魏讲经并没有,却是东晋南北朝讲论佛经的普遍形式。何妥之对元善的辩难,情节正与《世说新语·文学》所载许询对王修的辩难相似。北魏张吾贵,"海内皆曰儒宗,每一讲唱,门徒千数"(《北史》卷八一《儒林·刘献之传》),引文中"唱"

---

[1] 焦桂美:《论南北朝时期佛教与经学的相互渗透》,《北方论丛》2007年第3期。

即《高僧传》"宣唱法理，开导众心"之"唱"。张吾贵讲经，就是采取僧徒讲佛法之形式。

七 三教论衡：对话与融合

魏晋南北朝时，学术思想领域出现了儒、道、佛"三家"并行的新形势。

儒家学说从春秋战国开始，经过汉武帝"独尊儒术"的文化政策，已经成为占统治地位的国家学说和意识形态，尽管经过汉末玄学的兴起，儒学的表现形态经学出现了衰微的气象，但其正统的地位并没有改变，没有动摇。道教是正在兴起的宗教，它从老子思想中获取文化资源，从民间信仰中获得支持，是一个中国土生土长的宗教形态。虽然在此时尚不完善，但它根植于中国传统文化的土壤上，就预示着它的强大的生命力。儒家与道教，都是中国的本土文化，一个是思想的，一个是宗教的，都是在社会的上层建筑中占据主要的位置。他们是当时中国思想文化领域中最主要的两家。但是，在南北朝的时候，却开始说"三家"或"三教"，把佛教加了进来。陶弘景说："百法纷陵，无越三教之境。"陈寅恪指出："南北朝时，既有儒释道三教之目……至李唐之世，遂成固定之制度。如国家有庆典，则召集三教之学士，讲论于殿廷，是其一例。故自晋至今，言中国之思想，可以儒释道三教代表之。此虽通俗之谈，然稽之旧史之事实，验以今世之人情，则三教之说，要为不易之论。"[1]

"三教"概念的出现并被社会所广泛接受，是在魏晋南北朝时率先由佛教表现出来的。三国之前人们的论著中还没有"三教"一词。《广弘明集》卷一载有《吴主孙权论述佛道三宗》一文，同时提及儒、道、释三家，"牟子作《理惑论》，论儒佛思想之一致；道安以《老子》语解《般若经》：这

---

[1] 陈寅恪：《金明馆丛稿二编》，上海古籍出版社1980年版，第250—251页。

些可以说是三教一致的最初意见。"[1]以后"暨梁武之世,三教连衡","三教"一词出现在文献上的频率也越来越高了。在两晋南北朝时期,道教和佛教作为强大的社会存在已经无可置疑。

当时的人们对于佛儒、佛道、儒道之间的互补共通之处,分别有很多的建议论述,尤其是南朝人士偏于谈理,故常见三教调和之说。如孙绰在《喻道论》中说:"周孔救极弊,佛教明其本耳,共为首尾,其致不殊"(《弘明集》卷三)。明僧绍认为:"佛开三世,故圆应无穷;老止生形,则教极浇淳",所以"周孔老庄诚帝王之师"而"释迦发穷源之真唱,以明神道主所通"(《弘明集》卷六)。道教提倡"三教一致"的思想始于晋时葛洪。葛洪使道教思想系统化时,提出以神仙养生为内,儒术应世为外,将道教的神仙方术与儒家的纲常名教相结合,所谓"以六经训俗士,以方术授知音"(《抱朴子·释滞》)。以后宣传"三教合一"思想的有梁朝的道士陶弘景等。在葛、陶之后,道家中人提到"三教"的愈来愈多,论证也愈来愈深入。总之,"这'其乐也融融'的三家共一门的奇特景观,就折射着那个时代的某些士

明丁云鹏《三教图》

---

[1] 王治心:《中国宗教思想史大纲》,东方出版社1996年版,第117-118页。卿希泰认为,南北朝时方"三教开始鼎立,三教之称亦起于此时",《道教与中国文化》,福建人民出版社1990年版,第165页。

人中融合儒释道的思想取向。"[1]

虽然这是一个思想激荡的时代，尽管有三教之间的冲突、并行或融合，但儒学在中国思想文化领域的主导地位并没有改变。例如十分热烈地信奉佛教的梁武帝在做皇帝后就为孔子立庙，置五经博士，在《立学诏》中说："建国君民，立教（儒学）为首，砥身砺行，由乎经术"，强调儒学对治国的重要性。钱穆指出："然东晋南北朝政府规模，以及立国之理论，仍沿两汉而来。当时帝王卿相，诚心皈依佛教者，非无其人；要之，僧人与佛经，特为人生一旁趋，始终未能篡夺中国传统政治社会之人生伦理教育而与为代兴……中国佛教虽盛极一时，而犹始终保全其原来超世间的本色者，则因中国政治社会一切世事，虽有汉末以及五胡入华之一段扰乱，而根本精神，依然存在。"[2]

到了隋唐时代，佛儒道三教的交锋还在继续，三教的融合也出现了新的态势。"在这一时期，一方面儒、佛、道三种思想体系之间的冲突始终或暗或明地进行着，另一方面三种思想体系之间的互相借鉴也十分明显。儒、佛、道三教的冲突和融合形成了隋唐文化史上的一个重要现象，成为一个新的推动中国文化思想向前发展、引起中国文化思想结构发生变动的理论契机或动力，对中国多元文化格局的形成产生重要影响。"[3]

从统治阶层来讲，隋唐两朝都采取三教并行的政策。两朝统治者积极支持和提倡儒释道三教，致使隋唐代思想领域出现了以孔孟儒学为正统，儒释道三者并立的局面。与此同时，隋唐学者明确提出了"三教合一"的思想。如儒家学者王通主张三教合一说，提出圆融、调和三教的主张，认为"三教于是乎可一矣"。他认为三教都有助于封建统治，故待"皇极之主"，以"共

---

[1] 葛兆光：《7世纪前中国的知识、思想与信仰世界》（中国思想史第1卷），复旦大学出版社1998年版，第567页。

[2] 钱穆：《国史大纲》，商务印书馆1996年版，第18页。

[3] 李岩主编：《中国文化发展史》（隋唐卷），山东教育出版社2013年版，第75页。

叙九畴"。佛教居士李士谦认为，三教的关系，犹如"三光在天，缺一不可"他说：

> 佛，日也；道，月也；儒，五星也；岂非三光在天，阙一不可？而三教在世亦缺一不可，虽其优劣不同，要不容于偏废歟！

这些主张，逐步成为唐以后处理三教关系的主流。

总体上说，自从儒家学者王通主张儒佛道相调和以后，隋唐时期的帝王虽然出于个人的好恶而会表现出对儒佛道三教的不同态度，但基于现实的考虑，他们基本上都采取了三教并用的文化政策。但是王通所谓的三教调和，并不是在理论上互相融通，而是在推行上兼顾并重，同等共存。所以在初唐、盛唐时期三教各有所发展。在政治制度和经济措施方面主要是利用儒术，在思想和风俗方面主要是利用佛道二教。中国的思想学术发展出现了儒佛道三教鼎立的局面，儒学、经学、佛学和道学等都获得了充分地发展。各种思潮光影交互，交锋激荡，对儒佛道三教各自的发展都产生了巨大的影响。

隋唐思想学术的发展，在三教鼎立的新局面下展开。这种新局面，不仅推动了隋唐思想学术的发展，而且也对唐宋以后的中国思想学术产生重要影响。隋唐时期儒佛道三教理论上的融合，虽然主要还是各家立足于本教而融摄其他两教以丰富发展自己，但它却为唐宋以后三教思想理论上的进一步融合奠定了基础。唐宋之际，三教鼎立的局面逐渐让位于三教合一，至宋代，随着新儒学的出现和被定于一尊，儒佛道三教终于形成了绵延千年之久的以儒家为本位的三教合一思潮。如陈寅恪所说："采佛理之精粹，以之注解四书五经，名为阐明古学，实则吸收异教。声言尊孔避佛，实则佛之义理，已浸渍濡染，与儒教之宗传，合而为一。"任继愈说："从三教鼎立佛教为首，到三教融合儒教为主，是唐宋哲学发展的总脉络。"[1] 宋代以后，以心性论

---

[1] 任继愈：《中国哲学发展史》（隋唐卷），人民出版社1994年版，第2页。

为主要哲学基础的三教合一逐渐成为中国思想文化发展的主流。儒佛道三教经过长期的冲突与交融，终于找到了以儒为主、以佛道为辅的最佳组合形式。

八　唐代经学与《五经正义》

隋统一中国后，隋朝积极促进南北儒学的合流，使儒学中的"南人简约，得其英华，北学深芜，穷其枝叶"的不同特点逐渐融合。这是经学的一个重大发展。

儒家经文是儒家全部政治、哲学、道德思想的集中体现。汉武帝"独尊儒术"，重点就是推崇"五经"。魏晋南北朝玄学兴起后，大大削弱了"五经"作为儒家思想的核心作用。唐太宗认为儒学多门、章句繁杂、异说纷纭，给学校教育和科举考试带来了一系列的困难，同时也大大削弱了儒学的权威性。因此必须重振儒术，对儒经加以整理和统一。太宗认为，问题的症结在于"经籍去圣人久远，文字讹谬"。于是，贞观四年（630年），唐太宗命国子祭酒颜师古"于秘书省考定五经文字"。

颜师古（581—645年）接受太宗交付的任务后，在秘书省对"五经""多所厘正"，即以一较完备的传本为底本，取其他传本和古籍，参照进行考证校勘，最后确定一个定本。这"五经"是：《易》《诗》《书》《礼》《春秋》。颜师古用了约3年的时间，将"五经"文字校定完毕。唐太宗为慎重起见，又诏宰相房玄龄会集一些儒生"重加详议"，即予以评审鉴定。贞观七年（633）十一月，唐王朝正式将颜师古新校定的"五经"颁布天下，"令学者习之"。完成了统一经学的第一步工作。

唐初国子博士、经学家陆德明（550—630年），是为经学统一做出重要贡献的人物，他所撰《经典释文》是关于儒家经典之源流、版本、音韵的重要著作。

儒家经典历经千百年的流传，其文字的读音和含义渐渐积聚起不少疑问。而要读懂这些儒家经典，搞清楚经文的音义是首先要越过的障碍。文字的发音并不是可以忽略的小事，音与义有着密切的联系。利用读音可以训释词义，利用读音的转变可以区别词义，利用不同字读音的相同相近可以通假文字。历代学者为儒家经典注音的著作很多。从两汉开始，中经魏晋南北朝，迄于唐初，这类对儒家各部经典注音的著作可以说是相当丰富了，但是，却缺少一部汇各家注音之书精华的集大成著作。前代注音之书，多数产生于分裂时期，写成于各个地区，时代的变迁，方言的隔阂，致使音注说法纷纭，莫衷一是。显然，儒家经典不仅需要文字上的统一，也需要音训上的统一。陆德明广泛参考两汉以来的诸儒训诂音训著作，考辨同异，慎重去取，以音释为主，注儒家经典12种，另外兼取玄学，注《老子》和《庄子》，共花费了二三十年的时间，终于写成了《经典释文》30卷。此书开首是《序录》，阐说经学演变及传授源流，然后依次注释《周易》《尚书》《毛诗》《周礼》《仪礼》《礼记》《春秋左传》《公羊传》《穀梁传》《孝经》《论语》《老子》《庄子》《尔雅》。

陆德明的撰述主旨就是要重振儒学之权威，解决儒学经典流传中的积弊。他作此书不是官方交付的任务，完全是个人的责任感促使他在20多年里笔耕不辍。陆德明熟悉儒、道、佛三家理论，但出入三家之后，他更觉儒学理论尤为切实致用，因而他在佛、道二家理论上呈进攻态势，当儒家理论趋于衰微之时，于《经典释文》中着意恢复儒家早期正宗的传统理论。这也是唐初儒家思想振兴尝试的一个重要特征，就是力求恢复儒家思想早期的状貌，即较为质朴的人文色彩、笃实的治世安邦之道，同时力求摒弃汉代赋予儒学的神学色彩和魏晋赋予儒学的玄虚色彩。

至贞观中陆德明去世后，唐太宗见到此书大为赞赏，此书方大为流行。因为《经典释文》正符合了唐初振兴儒学的需要，构成了唐初对儒家经典统一文字、音注、义疏三环节中的一个中间环节。

唐太宗还以"文学多门，章句繁杂"，诏颜师古与国子祭酒孔颖达等诸儒，撰订"五经"疏义180卷，名曰《五经正义》。"正义"，就是正前人之"义疏"。对于前人关于儒经的种种繁杂的注疏，来一番彻底的清理。不管是南学北学矛盾，也不管是今文古文之争，更不囿于哪种师传家法，将前人之注疏均一律作为资料看待，辨析各家之说的优劣短长，薅其烦冗，撮其机要，取文证详悉，义理精审之说，对"五经"的文字内容及思想观点作出了统一的标准解释。

孔颖达（574—648年）主持的《五经正义》，有的采纳了汉代的解释，有的采用了魏、晋的解释；既吸取了汉代的经学和谶纬神学的因素，也容纳了魏晋的玄学思想，表现了唐代儒学的开放性和多元化特征以及融合各家学术的趋向。孔颖达撰订《五经正义》的一个重要指导思想，即注疏要简明，使教者易教，学者易学。他注重经文的实质，反对追求文字的华丽，更反对牵强附会。唐太宗对孔颖达这一工作十分赞赏，说"卿等博综古今，义理该洽，考前儒之异说，符圣人之幽旨，实为不朽"（《旧唐书·孔颖达传》）。

《五经正义》撰定后，即于贞观九年（635年）付国子监施行。这个"五经"定本颁行以后，使"五经"有了标准本，诸经文字完全统一，克服了以往因文字不同而理释各异的弊病。后又于贞观十六年（642年）和永徽四年（653年）颁行天下，令士子诵读，不仅作为学校教育的官定教材，而且科举考试也以之为依据。

《五经正义》的撰定与颁布标志着儒家经典的统一和正统地位的确立。撰定《五经正义》对于教育和选士也有着重大的影响，由此，教育思想、教育内容又趋于统一，科举取士以儒经为准，有了统一要求。

孔颖达主持的《五经正义》，是唐初诸儒协力合作而成的巨著，它对汉代以来的经学发展作了总结，结束了经学内部宗派的纷争，经学从此获得了空前的高度统一。由于《五经正义》成为广大士子生徒的必读书，成为朝廷选拔官员的试题库，因而极大地提高了儒经在社会各界的影响力。所谓"自《正义》定本颁之国胄，用以取士，天下奉为圭臬。唐至宋初数百年，士子皆谨守官书，莫敢异议矣。故论经学，为统一最久时代"。

《五经正义》是适应唐代政治上全国统一的巨大事业，促进了经学在唐代的发展。又由于"五经"有了文字、音训、义疏统一的标准定本，有了朝廷钦定的权威身份，因而在儒、道、佛三家中处于正宗地位，道、佛可以互相非议，儒可以非议道、佛，但道、佛却不敢非议儒经。儒家思想无可争辩地成为官方的意识形态。这对儒学发展的影响，与汉武帝"罢黜百家，独尊儒术"有同样重大的意义。

唐朝统一经学的工作，还表现在"开成石经"这一盛举上。这部石经是唐文宗开成二年（837年）所立，共分十二经（只缺《孟子》即成为近世的十三经），另附张参的《五经正字》和唐元度的《九经字样》，共65万字，用石114方，两面刻字。这部石经至今仍保存在西安碑林博物馆。

经过这些统一经学的重大措施，使南北朝时期形成的经学分南学、北学而终归于统一。这是唐朝在经学方面的重要贡献。

第九章 理学：儒学的革新与发展

一 理学对儒学的革新

到了宋代，出现了儒学发展的新形式——理学。理学又被称为"新儒学"。近年来从海外学术界传来的"新儒学"与我们这里所讲的新儒学不是一回事。现今所说的"新儒学"往往还要加上"现代"的限制词，称"现代新儒学"。现代新儒学家们自认为是儒学发展的第三期，而推宋代理学为儒学发展的第二期。

北宋初，学术界仍沿用唐代钦定的《五经正义》。庆历（1041—1048年）以后，风气渐变，疑经、改经、删经成为学界时尚。宋代一些儒生、学者一方面"舍传求经"，直接面向儒家经典，一方面疑经改经之风盛行，不再专注于经典文本和语句的字面，而是根据自己的思想观点去取舍儒经和解说经书，着重发挥经文"义理"。他们认为经典本身的作用只不过是"载道之具"，而其中所包含的成贤成圣、修齐治平的道理才是更根本的。将章句训诂改造成阐发义理，促使儒学从章句注疏之学向义理之学的转变。

这种自由解经的方法，充满了革新精神，影响了一代学风。这种思想潮流，在一定程度上打破了儒家经典和注疏的权威地位，是对传统经学的某种否定和批判，也是当时学术界的一次思想解放。

义理之学的主要形式是理学。"理学是以儒学思想为主，汇通、熔铸了释道思想精华而形成的一个纳自然、社会、人生为一体的博大的思想文化体系，是宋元时期思想文化的主流，是学术史上具有划时代意义的标志。"[1]宋代理学体系的形成，标志着中国古代学术思想领域发生了一次新的变革，儒学进入了新的历史阶段，演变为哲学化、抽象化的新儒学，形成了一个内容包罗万象、形式严密完整的理论体系，是继先秦百家、两汉经学、魏晋玄学、隋唐佛学之后，于11至12世纪崛起在中国古代思想史上的又一座高峰。由于这一思潮将孔孟之道重铸成博大精深的学说，又使其贴近现实、易于实践，因而自宋起被历代立为正统思想，统领学术，规范人伦，指导社会，在当时和以后都产生了广泛而深远的影响，被视为影响中华文明700年的正宗道统之学。

宋代新儒学，作为中国古代思想史上最后一座高峰，其学术成就高于宋以前的汉、唐两代，也远为宋之后的元、明两代所不及。宋儒学堪称儒家传统思想的一次大总结。

宋儒吸收了汉经学、唐佛学的精髓，扬弃了经学专事注疏的僵化和佛学追求虚幻的消极成分，把佛学养神修行，涅槃寂静，祈求来世的出世，引入到儒学"齐家治国平天下"的入世，又把儒学简单的伦理纲常上升到"存天理，去人欲"的理论高度，完成了以儒学为主干，包容佛、老及诸子的理论创造。

宋代学术的这一成果，已经不是先秦儒学的单纯复兴，而是一种既继承传统又适应现实的全新建树。宋儒学的成就，达到了对汉、唐学术的超越，为此而被称作"新儒学"。

二 大儒辈出，圣学大昌

宋代学术思想非常活跃，各种学派纷纷设帐讲学，著书立说，各抒己见。

---

[1] 龚书铎总主编，王育济等著：《中国文化发展史》宋元卷，山东教育出版社2013年版，第130页。

薪火相传 ——儒家文化传承的制度安排

南宋刘松年《秋窗读易图》

其著述之丰,人才之盛,学派之多,远远超出先秦"百家争鸣"时期的诸子之学。仅就理学而论,宋代有4个主要学派,一般称为"濂、洛、关、闽"四派。"濂"指原居濂溪的周敦颐;"洛"指洛阳的程颢、程颐兄弟;"关"指陕西的张载;"闽"指南宋时讲学于福建的朱熹。

关于这四个学派之间的传承关系,后世学人黄百家在《宋元学案·濂溪学案》的案语中认为,自孔孟之后,汉氏儒家只有传经之学,"性道微言之绝,久矣。元公(周敦颐)崛起,二程嗣之,又复横渠(张载)诸大儒辈出,圣学大昌。"又说:"若论阐发心性义理之精微,端数元公之破暗也。"就是说,宋儒的"心性义理"之学,是由周敦颐首先阐发,而后才由于二程、张载诸儒辈出,方出现"圣学大昌"的局面,之后则又有朱熹集其大成。这便是后来所称"濂、洛、关、闽"的理学流派。

周敦颐（1017—1073）是理学的开山祖师和理学思想体系的奠基人。周敦颐的主要著作有《太极图说》《易通》（又名《通书》）《爱莲说》《拙赋》等。周敦颐认为"太极"是最原初的、绝对的实体，太极肇分阴阳，阴阳派生五行，五行再派生四时、万物，万物又生生不已，遂成世界。世界是物候变化的体系，它们自有派生和化生的规律，这种规律的往来反复就是"道"。由此，他构造了一个纳自然、社会、人生为统一体系的宇宙生成模式，并且从宇宙本体论的高度对人性和道德伦理作了论述。这是以往儒学所不及的。他的《太极图说》和《易通》后来成为理学家的必读书籍。他所使用的范畴，如无极、太极、阴阳、五行、动静、性命、善恶、主静、礼乐、诚、无欲、几、中、和、顺化等，也都为后来的理学家反复引用和发挥，有的则构成理学范畴体系的重要内容。

程颢（1032—1085）、程颐（1033—1107）二兄弟从周敦颐的论著读起，便开启了他们探究道学（即理学）的生涯。二程的学术理论，虽各有千秋，如程颢重内心体验而治理学，程颐重宇宙、社会而言理学，但是理论思想则是一致的。二程留下的著作有《遗书》《外书》《文集》《易传》《经说》《粹言》等，后人把以上六书合辑为《二程全书》。

二程"洛学"，上承周敦颐濂学，中融于张载关学，下启于朱熹闽学，具有一以贯之的特征。二程"洛学"的主要特色，在于把"天理"作为宇宙本体和理学体系的最高范畴，这在宋代理学中具有开创性的意义。他们认为"天即是理"，"天理"是宇宙万物的本原，是最高实体。"天理"既超越万物之上而永恒存在，却又产生和支配着万物。并且，"天理"还是社会伦理道德规范和社会等级制度的总和，把等级制度和与之相适应的社会伦理道德规范，看作是"天理"的重要内容，是"天理"在人间社会的具体表现形态。因此，忠君、孝亲、爱兄、尊祖等都是"天理"所赋予人的本性。他们还把"天理"与"天命"联系起来，"言天之自然者，谓之天道。言天之付与万物者，谓之天命"。相信"天命"就是服从"天理"。二程认为人性是与"天理"等同的，是"天理"在人身上的体现。因而，道德修养的核心就是"存天理，灭人欲"，克制自己的"私欲"，通过自觉恪守礼仪而达到对"天理"的体认，达到"仁"的最高道德境界。

张载（1020—1077）所创的"关学"也是理学开创阶段的一个重要学派。张载"关学"气象博大，旨在"为天地立心，为生民立命，为往圣继绝学，为万世开太平"。"关学"的主要特点，一是提倡"学贵致用"，反对空谈，主张学术要与面临的政治、经济、军事等社会现实问题联系起来，力图使学术服务于现实。二是重视古礼，遵守儒学。他非常重视恢复古代礼仪制度，对当时流行的不合古礼的礼仪竭力予以纠正。张载哲学思想的核心是"气本论"学说。他把以"气"为本体的世界看作是一个充满生气的、有机的宇宙整体，处在永恒的变化之中。张载还进一步从"气本论"出发，探讨了人性和道德问题，提出"天地之性"与"气质之性"的区分，人要善于反省，变化气质，以体现"天地之性"，就会自然合乎道德标准而成为"君子"。气质不好也可以通过学习和提高道德修养来改变。

三　朱子学：理学之集大成

张载的"关学"和二程的"洛学"在北宋时皆为显学，各有传人，一时颇具声势。及至南宋，朱熹在继承发展二程"洛学"的基础上，又博采周敦颐"濂学"、张载"关学"等理学学派的部分思想，集北宋理学之大成，并吸取了佛、道的某些思想资料，从而建立了"闽学"学派和丰富而完整的"朱子学"思想体系。

朱熹（1130—1200），字元晦，号晦庵，别号紫阳。朱熹祖辈历代仕官，原为"婺源著姓,以儒名家。"朱熹年少时随其父学习儒学,乃父朱松是程门三传弟子,可见朱熹学有渊源。高宗绍兴十七年(1147),朱熹18岁时举乡贡,次年中进士。绍兴二十一年(1151),开始入仕,先后在几处任地方官,最后官至焕章阁待制兼侍讲。在任职地方时,曾先后重建白鹿洞书院,创建紫阳书院、考亭书院,并制定了一整套书院教育制度章程,对当时及后世的教育都产生了很大影响。后因"庆元党禁",朱熹被罢官,回乡从事讲学和著述。朱熹创建的"闽学"学派,弟子众多。他们聚徒讲学,宣传理学思想,在学术界形成一股很大的力量。

朱熹以后半生心血编撰理学著作。乾道三年(1167),朱熹完成了《二程遗书》选编,以表明自己进入儒学道统和二程谱系之中。10年之后,淳熙四年(1177),朱熹集理学大成的代表作《论语集注》《孟子集注》二书问世,标志他的哲学体系诞生。

淳熙二年(1175),朱熹在送友人吕祖谦返回浙东途中,在学术上具调和色彩的吕祖谦,邀约陆九渊兄弟与朱熹相会于江西上饶铅山的鹅湖寺,此即理学史上著名的"鹅湖会议"。会间,朱熹以为做学问当先泛观博览而后归约,陆氏兄弟主张先应发明本心而后博览。于是,朱称二陆治学太简,二陆则讥评朱的方法为支离。朱熹为建立理学的大一统地位,与陆九渊心学、陈亮事功之学展开驳难,完善了其一家之言。

朱熹一生中约有40年的时间,从事教育活动。关于他讲学的目的,大致有两方面:

一是他立志复萌先王之道,承接孔孟道统,希求改变孟子死后圣人之学不传的局面。他说:"窃谓秦汉以来,圣学不传,儒者惟知章句训诂之为事,而不知复求圣人之意,以明夫性命道德之归,至于近世先知先觉之士,始发明之,则学者既有以知夫前日之为陋矣。"朱熹指明其讲学目的,即在于上继绝学,以倡明性命道德的学问,批评了汉儒舍本求末、耽于烦琐注疏的

薪火相传 ——儒家文化传承的制度安排

偏弊，肯定了近世新儒学的功绩，更潜在昭示了朱熹集理学于大成的历史使命。

二是他决意扭转风俗日乱、人才日衰的现实局面，为封建王朝培养忠君孝父的人才。他说："至于后世，学校之设虽或不异乎先王之时，然其师之所以教，弟子之所以学，则忘本逐末，怀利去义，而无复先王之意。"朱熹指斥当世徒有学校之名，以利禄人欲教坏了人心。他指出："学校之设，所以教天下之人为忠为孝也。"朱熹讲学正是针对时弊要重振儒家道德教化。

鉴于此理论和现实的双重使命，朱熹以极大的理论热情和毕生精力投入讲学活动，一是办官学，每赴任一处，皆告示百姓劝诫子弟入县学州学；二是恢复和设立官助民办的大规模书院，如白鹿洞书院、岳麓书院；三是开设私学，在自己家中收徒教化。

在学术上，朱熹是中国思想史上最有建树者之一。朱熹在经学、史学、文学、考释古籍以至自然科

朱熹著书图

学等方面，均有成就，后人称朱熹为中国古代最有建树的学问家和思想家之一。

朱熹理学思想体系的核心是"天理论"，这是继承和发展了二程的理学思想，但他还吸取了周敦颐、张载等人的理学思想，使其最高哲学范畴的"理"或"天理"得到了充分的论证。朱熹认为"理"或"天理"是宇宙之本体、天地万物的根源。"理"是不依赖天地万物而独立存在的，它无始无终，永恒不灭，而又无所不在。在朱熹的思想体系中，"理"或"天理"不仅是宇宙之本体，还是社会道德规范的源泉，一切道德的准则和礼仪，都是"理"或"天理"的体现。他认为，作为道德规范与准则的"理"，是先于各种社会道德关系而存在的，"未有君臣，已先有君臣之理；未有父子，已先有父子之理。"朱熹对"天理"绝对性和实在性的论证，正是给"三纲""五常"的道德规范和准则寻求形而上的根源。朱熹的认识论，即"格物穷理"说，其出发点和最终目的，在于把握"天理"，"要在明善"，从而把"仁义礼智信"的"五常之德"赋予"天理"的哲学高度，以提高自身道德的自觉性。而且，主张"格物穷理"要讲究先后缓急之序；首先应明人伦、讲圣言、求世故，进行道德践履与体验。

朱熹总结了北宋以来理学的成就，为理学集大成者，其理学体系更为严密、丰富。朱熹思想学说不仅是理学的成熟形态，也是中国儒学发展的一个新阶段。"理学是对传统儒学进行变革而形成的一种新的儒学形态。"[1]理学思想文化体系的确立，"第一，使儒学一改玄学、佛学时代长达数百年的萎靡不振的局面，为儒学在新的历史条件下的复兴开辟了一片新的天地；第二，摆脱了以往儒学的那种质朴平淡的政论形态，使传统儒学'直白浅近'的道德训诫，被赋予了一种透彻了悟的哲理意蕴，一个将儒家的入世和释、

---

[1] 王育济等：《中国文化发展史》（宋元卷），山东教育出版社2013年版，第178页。

薪火相传——儒家文化传承的制度安排

道的静泊空寂的旨趣融合为一体的人生哲学被合乎时代需要地创立出来。这样,宋代理学自身完成了由'知天而知人',即从宇宙观到社会观到人生观的整体建构,儒学也完成了它在中国古代历史上一次最大的蜕变,从而对中华民族的思维结构、价值心态、精神观念等等,都产生了至大至深至远的影响。"[1]

朱熹理学思想在当时和后世,都产生了很大影响。朱熹晚年,曾受到迫害,列入"伪学逆党籍",被罢官出朝。在他死后9年,宋宁宗重又深悟到朱子学在维护封建秩序上的不可替代作用,在嘉定二年(1209)追谥朱熹曰"文",称"朱文公"。次年,又追赠中大夫、宝谟阁学士。嘉定五年,朱熹的代表作《论语集注》《孟子集注》被尊为南宋官定教科书。后来到宋理宗时,于宝庆三年(1227)下诏赠朱熹为太师,追封信国公,并认为朱熹注四书,"发挥圣贤蕴奥,有补治道",提倡习读朱熹著作。从此,以朱熹为代表的理学就成为一段时间内的正统思想,在学术思想领域中确立了统治地位。

四 元代理学的发展

宋以后的元明两代,虽各有杰出的思想家、学问家立世,其学术成就对中国思想史各有不可磨灭的贡献。但是,就学术界整体而言,其水平远未超过宋儒学,也没有形成新的思想体系。在这个意义上,元、明学术是宋儒学的延续。

宋元之际,元军南下攻宋,儒臣杨惟中、姚枢随军前往,受命在南宋地区"求儒道释医卜者"。1235年元军攻陷德安,南宋理学家赵复被俘。杨、姚加以保护,并礼送至燕京太极书院,请他传授程朱理学,"学子从者百余人"。

---

[1] 王育济等:《中国文化发展史》(宋元卷),山东教育出版社2013年版,第131页。

《春秋经传集解》

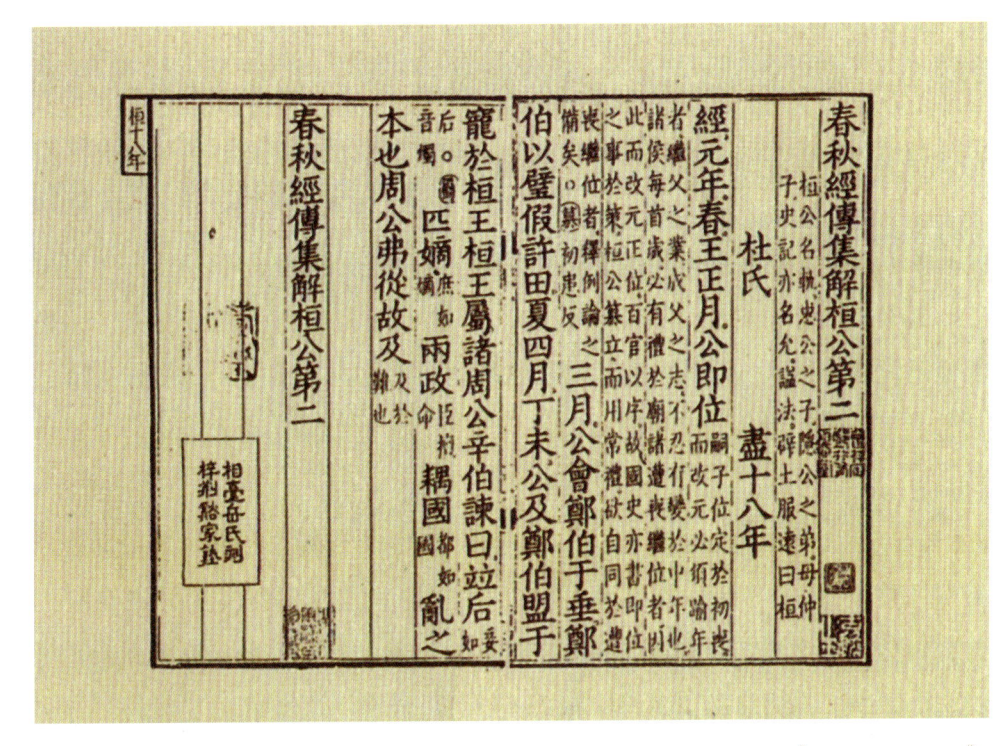

赵复向姚枢献出二程、朱熹等人的著述8000余卷。

由于周敦颐、二程之后,儒家的书内容广博,学习者难以融会贯通,赵复便推求伏羲、神农、尧、舜所以能继承天道建立准则的原因,孔子、颜回、孟子所以能立下永世长存的教诲的原因,周敦颐、二程、张载、朱熹所以能发扬、阐明、继承儒学的原因,撰写了《传道图》,将有关书目条列于后。这样,就进一步理清了儒学发展传承的道统关系。又著有《伊洛发挥》一书,以揭示出二程思想的主旨。朱熹的门徒,分散在四面八方,赵复根据从有关记载中看到的和从传闻中得到的共53人的情况,撰写了《师友图》,以寄托自己敬仰他们且无法请教的意愿。他又根据伊尹、颜回的言行,撰写了《希贤录》,使学者知道有所向往和敬慕。

赵复自谓朱熹的私淑弟子,经他的传授,北方有了一批有影响的理学人物，如许衡、郝经、刘因、窦默等。再经由他们的递相传授，理学在社会上迅速传播开来。清代学者黄百家说："自石晋燕、云十六州之割，北方之为异域也久矣。虽有宋儒迭出，声教不通。自赵复以南冠之囚，吾道入北。而姚枢、窦默、许衡、刘因之徒，得闻程、朱之学以广其传，由是北方之学郁起。"（《宋元学案》卷九〇《鲁斋学案》）

赵复所传之人中，以许衡影响最大，后人称其为"朱子之后一人"，是儒家道统的接续者。另一位重要理学人物是刘因，他不像许衡一样积极用世，而是高蹈不仕，潜心理学，与许衡同为元代北方两大儒，被世人称为"元之所藉以立国者"。

朱熹的文脉也得以代代相传。他的弟子黄榦为传播朱子学作出了贡献。黄榦的弟子饶鲁，虽为朱熹嫡传，但并不株守朱学门户。饶鲁之后最著名的，是其再传弟子吴澄。元代中期，随着许衡、刘因的相继去世，吴澄成为元代著名的理学大师，与许、刘并称为元代"三大学者"。

元代理学与宋代理学是一脉相承的。元代理学总体上说继承了宋代理学最基本的思想原则，他们的天道观、心性论、知行观等等，都旨在论证封建伦理纲常的合理性，即合乎天理。元代理学家同样都十分看重"四书""五经"，讲求儒家经义，探究义理之学，坚持儒家传统的道德修养方法。

元代的理学家都重视儒家经典的研读。在他们看来，圣人未出之前，道在天地；圣人在世之时，道在圣人；圣人既没之后，道在《六经》。因此，要知"道"，就得学圣人之言。而最能正确地阐发圣人之道的，则莫过于程、朱。因而提出了"由传以求经，由经以求道"的主张。

与宋代理学比较，元代理学最重要的一个特点，就是由原来的"朱陆之争"逐渐趋于"朱陆和会"。元代朱学和陆学人物，除极少数坚守自家藩篱、不杂异说者外，其他人看到了朱、陆的争论，"支离"或"简易"各走极端，以致使各自的学统难以为继，故主张打破门户，以汇总朱、陆两家之长。正由于如此，所以在元代便出现了朱陆日趋"和会"的情况，使其既减少了空疏，又具有了笃实。元代理学对于两宋理学，不仅仅是继承，而且有所发展，弥补了宋代理学的某些不足，为理学在明清的进一步发展奠定了思想基础和社会基础。

五　明清理学的独尊

自宋元以来，学术文化占统治地位的是程朱理学。明初确定了理学在思想文化领域的独尊地位。《明史·儒林传序》称："明太祖起布衣，定天下，

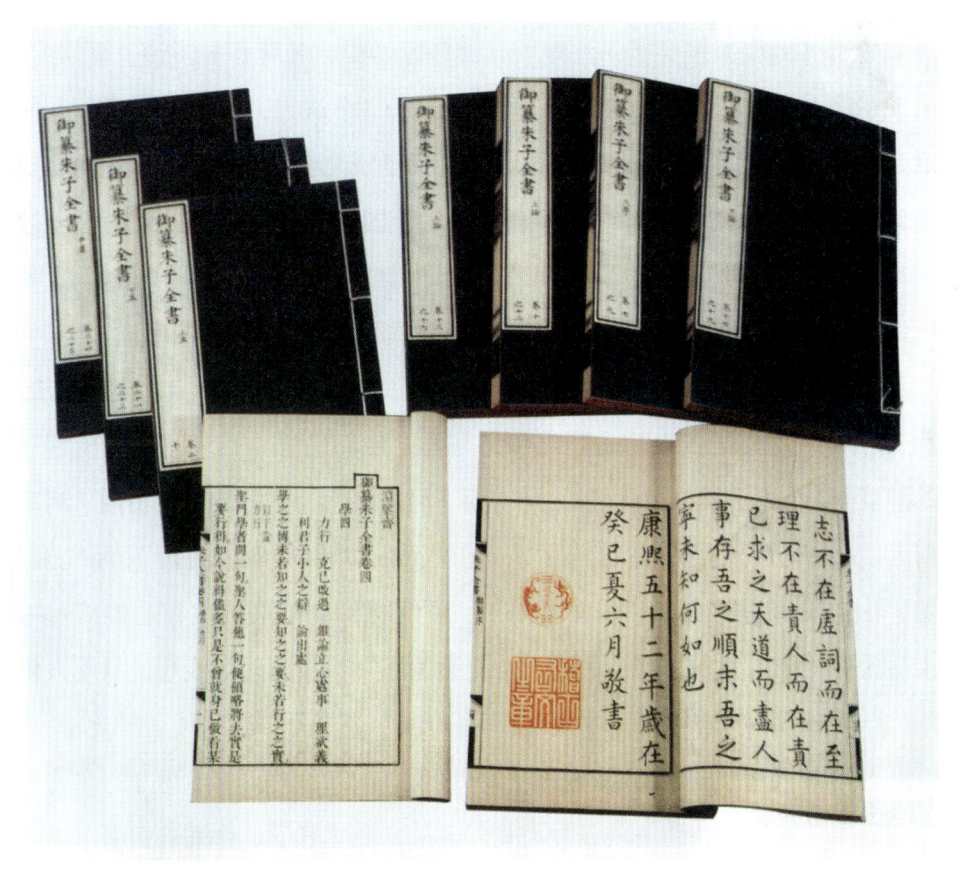

清《御纂朱子全书》

当干戈抢攘之时，所至征召耆儒，讲论道德，修明治术，兴起教化，焕乎成一代之宏观。虽天禀英姿，而诸儒之功不为无助也。制科取士，一以经义为先，纲罗硕学。嗣世承平，文教特盛，大臣以文学登用者，林立朝右。"这样，程朱理学被推崇为官方哲学，理学不仅成为思想界的独尊，钦定的正统，而且诸儒也为王佐之才。

明太祖继承了传统的统治经验，大力提倡儒学，极力尊崇孔子，规定诸生必须学习儒家经典，反对甚至禁止诸生学习《战国策》及阴阳家的著述。永乐年间，在皇帝的御临下，以程朱思想为标准，汇辑经传、集注，由胡广等人编出《五经大全》《四书大全》《性理大全》，三部《大全》共计260卷。

三部《大全》摈弃了古注疏及其他各家学说，独尊程朱学说。纂修完后，明成祖亲自作序，并命礼部刊赐天下。永乐皇帝认为，三部《大全》刊印以后，天下之人就能够"获睹经书之全，探见圣贤之蕴"，由此"穷理而明道，立诚以达本，修之于身，行之于家，用之于国，而达之天下，使家不异政，国不殊俗，大回淳古之风。以绍先王之统，以成熙雍之治，必将有赖于斯焉。"三部《大全》的出现，标志着程朱理学思想统治及独尊地位的确立。

明初诸儒，虽然"师承有自，矩矱秩然"，但"皆朱学门人之支流余裔"。明初理学的主要代表人物是薛瑄和吴与弼，他们的思想代表了明代前期理学的演变与分化。薛瑄学宗程朱，开山西"河东之学"，门徒遍及山西、河南、河北、关陇一带，蔚为北方朱学大宗。他的河东学派以"气中有理"，理气无"缝隙"为思想宗旨，主张"道器不离""性气相即"的观点。在心性修养方法上，提出气中求性的思想。薛瑄以"复性为宗"，强调躬行践履，日用人伦，清代学者视其为朱学传宗，称他是"明初理学之冠""开明代道学之基"。

与薛瑄几乎同时代的吴与弼在南方创"崇仁之学"，与北方的"河东之学"遥相呼应。与薛瑄不同，吴与弼"兼采朱陆之长"，磨砺自家身心，"寻向上工夫"，强调"静中体验""静中思绎"的"静观"。吴与弼发展了朱

清宫廷画家《雍正帝临雍讲学图》卷局部

熹的心体说,期在"得圣人之心精",他的思想开了明朝心学一派的先河。

朱学薛瑄的"河东之学"及吴与弼的"崇仁之学"旨趣不同,前途亦不同。吴与弼的"崇仁之学"成为心学的"启明"与"发端",而薛瑄的"河东之学"到后来则黯然无闻。

明初儒学盛行"笃践履,谨绳墨"的学风,只是忠实地信守程朱学说,笃行实践,在学术思想上并没有多少创新和贡献。他们所发表的言论乃至于著述,也是蹈袭前人的陈说,附以自己的体会。这种学风在思想史上直接产生了两个后果:一个是满足于习熟先儒之成说,未尝反身理会,推见至隐,

薪火相传——儒家文化传承的制度安排

所谓"此亦一述朱,彼亦一述朱"耳。另一个是"一时学风,可见人知向道,求为正人君子者多,而英挺不欲自卑之士大夫,即不必尽及诸儒之门,亦皆思以名节自见。故阉宦贵戚,混浊于朝,趋附者固自有人;论劾蒙祸,濒死而不悔者,在当时实极盛,即被祸至死,时论以为荣,不似后来清代士大夫,以帝王之是非为是非,帝以为罪人,无人敢道其非罪。故清议二字,独存于明代。"[1]

清代更是强调朱子理学的独尊地位。康熙皇帝受侍读学士熊锡履的影响,主张讲明"正学"。所谓推崇正学,就是上尊孔孟,下崇理学。熊锡履建议:"非六经、语、孟之书不读,非濂、洛、关、闽之学不讲。"濂、洛、关、闽分别指宋代著名理学家周敦颐、程氏兄弟、张载、朱熹。宋代理学与汉学不同,汉学主要是通过训诂来订正五经传本之真伪,研究经书中语言文字之含义及所指。而宋明理学则在于阐述儒家经典的微言大义,将五经伦理化、纲常化,通过解释五经来明确圣人之言,用以规范人们的言行,对维护封建制度、封建纲常秩序、君臣关系有重要意义。

在濂、洛、关、闽四学中,康熙又独重朱熹之学,他高度赞誉朱熹之学,说:"自汉以来,儒者世出,将圣人经书多般讲解,愈解而愈难解矣。至宋时,朱子辈注四书,发出一定不易之理,故便于后人,"认为朱熹属儒学正流。他认为朱熹的著作"集大成而继千百年绝传之学,开愚蒙而立亿万世一定之规,非此不能治万邦于衽席,非此不能仁心仁政施于天下,非此不能内外为一家"。

---

[1] 孟森:《明清史讲义》上册,中华书局1981年版,第176页。

第十章　大传统与小传统同构

一　文明的"大传统"与"小传统"

和其他民族文化一样，中华传统文明也可以区分为"大传统"和"小传统"两个部分。所谓"大传统"，指的是知识阶层的规范性文化，在中国主要是以孔子儒家学说塑造的文化模式和文化精神；"小传统"指的是在人民群众中流传的非规范性的文化。

在中国传统社会，农民是全国人口中占比最大的一部分，"小传统"主要是在广大乡村中产生和传承的，它以民间风俗，口头文学、方言俚语等形式存在，是农民的日常生活的文化。"小传统"文化是自发地产生和流传的，它渗透在人们的日常生活中，通过潜移默化的方式世代相传。"大传统"则是历代知识阶层的自觉的文化创造，是被有意识地培养并流传下来的传统，是经过严格的选择或认真的锤炼和改进的传统。就是说，它是有意识、有目的的并经过理性思考而创造的文化，代表着中华传统文明的基本精神，规定着中华传统文明的基本发展方向。

"大传统"文化以学派思潮、历史典籍、文物制度、艺术创作等形式存在，并在官方和民间得到认真地保存和传播。"大传统"和"小传统"是两种不同的文化，它们是互相独立的。但它们又绝不是各自封闭的，它们之间有着一种不断相互交流、相互影响的关系。"大传统和小传统可以看作是思考和行为的两条河流，它们彼此区别，但又曾经汇在一起，超出自身的范围

薪火相传 ——儒家文化传承的制度安排

宋《太平街景图》

之外。"[1] 在中国历史上,大多数知识分子都是来自农村,是在家庭"私塾"教育制度下培养起来的,他们与农民和农村有着千丝万缕的联系,在他们的思考和文化活动中,不可避免地受到"小传统"文化因素的熏陶和影响;"大传统"中许多伟大的思想和优秀作品往往起源于民间,脱胎于"小传统"文化。因而,在中国传统文化中,始终包含着一种明显的农民的精神气质,始终具有农业文明的性质。另一方面,"大传统"既形成后又通过种种渠道再回到民间,进入"小传统"文化中,并且在意义上发生种种始料不及的改变。同时,由于中国知识分子历来尊奉"经世致用""齐家治国"的价值取向,自觉地担当起社会教化的职能,往往有意识地把"大传统"的儒家思想文化,

---

[1] [美]P.K.博克著,余兴安、彭振云、童奇志译:《多元文化与社会进步》,辽宁人民出版社1988年版,第230页。

规范成民俗，给民俗文化赋予"大传统"的文化意义，这就使中国文化中"大传统"与"小传统"之间的互通具有自觉的性质，使它们在基本精神和价值取向上趋向一致。这是中国传统文化的重要特点之一。

在中世纪欧洲，"大传统"和一般人民之间有隔阂，成为一种"封闭的传统"。因为欧洲的"雅言"是拉丁文，其传授只在学校，是属于上层贵族的文化。至于各地的人民则都采用方言，和拉丁文互不相涉。中国文化很早就有"雅"和"俗"两个层次的区分。但中国的"雅言"是本国语文的标准化或雅化，因而中国的"大传统"与"小传统"也易于交流。

在中华传统文化中，作为"大传统"的儒家思想文化在塑造着我们民族文化精神的同时，作为"小传统"的民俗文化也同样发挥着传承儒家思想文化的重要作用。传统文化的传承，不仅在教育层面和精神文化层面，而且就在我们的日常生活之中，体现在日常的风俗、礼俗之中。它们和主流文化精神一起构筑了我们的生活环境、生活空间，也一起传承着中华文明的精神和生命力。

二　传统伦理秩序的建构

中国是一个有着深厚伦理道德基础的国家，道德文化是中国传统文化中最重要的并且是最成功的一部分。在中国传统社会的漫长历史演变中，逐渐形成了一整套严密而具体的、世代相传的伦理道德规范体系。在道德文化的两大层面中，其上层有以孔子儒学为代表并为历代思想家所承续和发挥的形式完备的道德哲学，设定了中国人的道德理想、道德价值、道德关系、人伦秩序和行为规范，并通过制度的和非制度的多种形式渗透和影响着下层的道德文化，执行着对中国人进行道德教化的任务。在道德文化的下层，有潜藏到人们深层心理结构中的道德意识、道德信念、道德思维和道德心态，并形成世代沿袭的道德行为方式。所以，我们说中华文明"大传统"与"小传统"的同构，首先是在伦理价值观上的同构，它们的价值取向是一致的，它们共同塑造着中国人的伦理世界。

中国传统伦理价值观主要有这样一些特征：

（1）中国传统伦理价值观强调以家族血缘关系为主体的人伦关系。家族或家庭是中国传统社会组织的基础，家庭人伦关系是中国人的最主要的人际关系中国传统伦理以"孝"为核心，讲"三纲五常""三从四德"，对家庭中的父子、长幼、夫妻等人伦关系都有明确的规范，特别重视人伦价值。在家族人伦关系的基础上，又进一步发展出社会等级关系次序。这样的人伦关系和社会等级关系就是对个人"身份"的确定，个人认同于自己的身份，按照自己的地位身份活动，就是讲人伦、守道德。每一个社会成员首先考虑的也是如何在错综复杂的人际关系中履行自己的伦理义务，即"父慈、子孝、兄良、弟悌；夫义、妇听、长惠、幼顺；君仁、臣忠。"否则就是不道德。

（2）以社会为本位的道德原则，就是把社会集体利益（皇权利益、家族利益）作为个人一切行为的出发点和归宿，以集体主义作为基本的价值取向。因为在传统社会中，中国人只能作为家族的成员而获得"存在"，生命的意义在于家族这个集体之中，是以社会取向而不是以个人取向为成就的动机。个人的取舍选择要以家族集体的利益为最后的标准。在道德评价上只肯定那些对家族集体、社会和他人有益的言行。

（3）注重人际关系、社会关系和谐的道德心态。钱穆先生指出，中国文化主张"和谐"，中国人更看重"和谐"。在传统中国人的深层心理结构中，一直是把"和谐"当作最高的目标，以自然之和谐（道、理）为真，以人人之和谐（仁、义）为善，以天人之和谐（天人合一）为美。特别是在人际关系、社会关系领域，中国人历来主张"和为贵""和气生财""家和万事兴"等等。"和"是中国传统伦理价值观的一项重要原则。张岱年先生指出："和谐是整个中国传统文化的最高价值原则。这一原则和认为宇宙是一个和谐的整体的世界观及重和谐的思维方式一起，对中国传统文化产生了深远的影响，规定了中西文化的基本差异。"

（4）以"成圣成贤"为社会的道德理想或理想人格，强调个人的修养和践履，"独善其身"。理想人格是对一种人格模式的理想化的设计，是人们在自己的心目中塑造出来的、最值得追求和向往的、最完美的人格典范，集中体现了特定文化的伦理价值观。中国传统文化所设计的理想人格是一种在伦理道德关系上至善至美的典范和楷模，是一种体现"仁"的道德理想的"圣人"。任何个人都应该按照"圣人"的理想人格模式来约束和反省自己，通过自我修养和内心修炼，展现潜藏于自身的"仁"性，实现个人人格的完善和成长。

总之，中国传统伦理价值观的主要特征，在于强调家族人伦关系和社会等级次序，以集体主义为主要价值取向，以人伦和谐作为最高价值原则，并以体现这种道德关系的"圣人"作为道德理想和理想人格。中国传统伦理价值的这些特点，体现了中国传统社会和传统文化的基本精神蕴涵，有力地对中国人进行道德教化，形成了中国人特有的道德品质和道德风尚，形成了中国传统社会稳定的道德关系。成为整合社会力量、协调社会利益关系和人际关系的重要纽带。

伦理价值观反映着现实社会生活中的道德关系。作为一种观念文化的中国传统伦理价值观和传统中国人的伦理精神，取决于、服从于、服务于中国传统社会和传统文化的性质。

由于中国传统社会是以家族为本位的宗法社会，血缘人伦关系是宗法社会中最基本的人际关系，在这种宗法社会中，道德的威力始终被看得比法律更有效，这种情况决定了中国传统文化是一种以家族伦理为中心价值取向的伦理型文化，而伦理价值观则成了中国传统文化的核心。儒家对中国宗法制度下的人际关系进行了理论上的概括和总结，形成了一套完整的伦理道德观念和理论体系，构成中国传统文化意识形态系统的核心，在建构传统中国人的伦理价值观上发挥了突出作用，我们现在所指称的"中国传统伦理价值观"，实际上也就是经过历代儒家思想家们理论化、系统化了的关于伦理价值和意义的总的看法和态度。

中国传统伦理价值观是中国传统社会生产方式和生活方式的反映，是中国传统社会宗法制度下道德关系的反映，但它作为一种社会意识，作为一种观念文化形态，又在传统社会中发挥着重要的功能作用。中国传统伦理价值观为传统中国人的道德活动以及整个生命活动提供了基本的价值取向和激励动力；为维护传统社会的秩序和结构稳定提供了精神纽带和控制手段；为构筑传统中国人的精神世界提供了观念文化的基础。中国传统伦理价值观是维护、促进中国传统社会和传统文化体系稳定的精神力量。

三　礼治天下

被尊为儒家始祖的周公"制礼作乐"，建立以礼制为主要特征的社会制度，孔子弘扬周公的思想，主张恢复周礼，"克己复礼"。尊礼思想是孔子儒家思想的重要内容之一。在汉代"独尊儒术"政策提出之后，孔子的这种尊礼思想在民间文化中得到了进一步的制度化和规范化。

中华民族的习俗文化丰富多彩，源远流长。早在《诗经·周南·关雎序》中便有了"美教化，移风俗"的提法。有人认为《诗经·国风》堪称中国习俗史的权舆，其中的每一首诗都是一幅习俗画，一部《国风》就是一部上古风情录。早期形成的中华民族的文化风俗，对于中华传统文化的传承与发扬都起到了重要作用。

汉定天下，国力渐强，风俗文化也有不同程度的创造和定型，展现出崭

河南白沙宋墓壁画夫妇宴饮图

新的面貌。"秦汉社会风俗文化不仅是一派时移俗易的新风貌,而且对后世产生了深刻而广泛的重大影响。"[1]

民俗文化主要体现在人们的衣食住行等日常生活方面。中国的服饰习俗丰富多彩,向来以"衣冠王国"著称于世。在远古时代,服饰主要是为了御寒、防暑、护体和遮羞。进入文明时代后,服饰常被用来区分等级、职业、民族、年龄和性别,并出现了服饰的审美价值日益上升的趋向。秦汉时,对服饰美的追求已达到相当高的境界。不同阶层、不同民族、不同场合、不同环境的服饰,风格各异,从而使服饰的等级性、民族性、时代性等有机结合,融为一体。

---

[1] 龚书铎总主编,黄朴民等著:《中国文化发展史》秦汉卷,山东教育出版社2013年版,第441页。

薪火相传 ——儒家文化传承的制度安排

在婚姻和丧葬习俗方面,汉代也已经基本定型。等级性是秦汉时期婚姻的特点之一。婚姻礼仪并非与"六礼"完全契合,大致要经过8个重要的环节。除了注重父母之命、媒妁之言的聘娶外,还可列举9种其他的婚姻形式。婚嫁消费相当大,主要有媒人的报酬、占卜的费用、聘金和嫁妆、婚宴的花费等4项。在丧葬方面,西汉前期沿用旧的丧葬礼仪,讲究棺椁、礼器制度,墓中多以珍宝与实用器皿等随葬;后一阶段随着儒家思想对人们日常生活的影响,象征性的墓室、器物、俑开始出现。但总的来看,厚葬之风盛行仍是这一时期值得注意的特点。

中国的风俗文化与礼治文化是密切联系的。中国历来被称为"礼仪之邦",礼仪在中国社会的政治文化生活中占有极为重要的地位。礼治文化是属于大传统的范畴,但又通过日常生活的礼仪规范,通过小传统的风俗文化而具体化。所谓"礼",简单来说,就是社会生活中的礼仪、制度、规范。古代的"礼"包含的范围极为广泛,礼既是"立国经常之大法",又是"揖让周旋之节文",具有社会政治规范和行为道德规范两方面的内涵,几乎囊括了国家政治、经济、军事、文化等一切典章制度以及个人的伦理道德修养、行为准则规范。西周时以"礼"治天下,形成了比较完备的礼制。春秋战国社会动荡,被说为"礼崩乐坏"。孔子一生所致力于恢复周代的礼治秩序,他认为恢复了礼治,天下就太平了。

汉代对"礼"文化进行了系统的总结,使其更加制度化、规范化,使之成为社会各阶层共同遵循的行为规范。

汉初,文景之时便有制定礼仪制度的议论。到武帝时,则有了大规模制定礼仪的举措,其中儒家学者发挥了重要作用。《史记·礼书》记载:

> 今上即位,招致儒术之士,令共定仪,十余年不就。或言古者太平,万民和喜,瑞应辨至,乃采风俗,定制作。上闻之,制诏御史曰:

盖受命而王，各有所由兴。殊路而同归，谓因民而作，追俗为制也。议者咸称太古，百姓何望？汉亦一家之事，典法不传，谓子孙何？化隆者闳博，治浅者褊狭，可不勉与？乃以太初之元，改正朔，易服色，封泰山，定宗庙百官之仪，以为典常，垂之于后云。

《汉书·礼乐志》强调礼俗的作用说：

> 人性有男女之情，妒忌之别，为制婚姻之礼；有交接长幼之序，为制乡饮之礼；有哀死思远之情，为制丧祭之礼；有尊尊敬上之心，为制朝觐之礼……婚姻之礼废，则夫妇之道苦，而淫辟之罪多；乡饮之礼废，则长幼之序乱，而争斗之狱蕃；丧祭之礼废，则骨肉之恩薄，而背死忘先者众；朝聘之礼废，则君臣之位失，而侵陵之渐起。

礼文化是华夏文化的核心，礼仪分为"吉礼、凶礼、军礼、宾礼、嘉礼"5种类型。《礼记·昏义》说："夫礼始于冠、本于昏、重于丧祭、尊于朝聘、和于射乡，此礼之大体也。"

汉代的礼制包括六礼、七教、八政。"六礼"即社会典仪，包括：冠、婚、丧、祭、乡、相见；"七教"即人伦关系，包括父子、兄弟、夫妇、君臣、长幼、朋友、宾客；"八政"即生活制式，包括：饮食、衣服、事为、异别、度、量、数、制。

"礼"几乎包括社会生活的各个方面，社会所有成员的行为都能从这里找到依据和评价标准。这些细致入微的礼制，不仅促进了全社会的"行同伦"，约束社会成员的行为方式，而且具有强烈的道德教化功能，培育了中华民族的整体道德传统和精神风貌。

薪火相传 ——儒家文化传承的制度安排

四　何以为家

家是人生的基本单位，是人生的出发点和归宿。中国的民间文化、民俗文化，主要是家文化，是家庭的礼俗和规范。在中华文明"大传统"与"小传统"的同构中，最突出的表现，就是儒家思想文化渗透到家庭文化中，甚至可以说中国的家文化是按照儒家思想的要求来建构的。

中国是世界上农耕发展得最早的国家之一，农业社会经历的时间特别长，农民在总人口中的比重特别高。直到近代以前，几千年里，中国经济始终以农业为主体，农村一直是中国人经济活动的重心。中华传统文化主要是一种以乡村文化（农业文化）为特征的文化。春秋战国以后，形成了土地私有、个体劳作的自然经济。这种经济形态虽然历史上曾多有起伏变化，而基本格局一直沿袭到明清，构成了中国古代生产方式的广阔基础。自给自足的小农业与家庭手工业相结合的经济结构，决定了家庭在社会生活中重要的功能。家庭不仅是一个生活的共同体，而且是一个生产的共同体。一家一户就是一个生产单位。家庭经济不但是整个社会经济的支撑点，也是家庭成员凝聚的物质基础。中国人的主要活动场所就是家庭。或者说，家庭构成了中国人基本的"生活世界"，家庭生活是中国人第一重的社会生活，中国人就是在家庭的生活活动中寻求了和确立了人生的意义。

近代学者卢作孚指出："家庭生活是中国人第一重的社会生活；亲戚邻里朋友等关系是中国人第二重的社会生活。这两重社会生活，集中了中国人的要求，圈定了中国人的活动。规定了其社会的道德条件和政治上的法律制度。……每每责备中国人只知家庭，不知有社会；实则中国人除了家庭，没有社会。就农业而言，一个农业经营者就是一个家庭。就商业言，外面是商店，里面就是家庭。就工业而言，一个家庭里安了几部织机，便是工厂。就教育而言，旧时教散馆是在自己家庭里，教专馆是在人家家庭里。就政

第三篇 学术与传统

宋李嵩《市担婴戏图》

治言,一个衙门往往就是一个家庭;一个官吏来了,就是一个家长来了。……人从出生到老死的时候,脱离不了家庭生活,尤其脱离不了家庭的相互依赖。你可以没有职业,然而不可以没有家庭。你的衣食住都供给于家庭当中。你病了,家庭便是医院,家人便是看护。你是家庭培育大的,你老了,只有家庭养你,你死了,只有家庭替你办丧事。家庭亦许依赖你成功,家庭却亦帮助你成功。你须用尽力量去维持经营你的家庭。你须为它增加财富,你须为它提高地位。不但你的家庭这样仰望你,社会众人亦是以你的家庭兴败为奖惩。最好是你能兴家;其次是你能管家;最叹息的是不幸而败家。家庭是这样整个包围了你,你万万不能脱。……家庭生活的依赖关系这样强有力,有了它

薪火相传 ——儒家文化传承的制度安排

常常可以破坏其他社会关系，至少是中间一层障壁。"[1]

"家"对于中国人是一种"本位"，是安身立命和精神寄托的基础或"根"。这里所说的"家"，不仅是指一般意义上的"家庭"，而且包括"家族"或"宗族"。它们以血缘关系为纽带，以其成员的经济利益和文化心态为一致，形成中国传统社会中特别重要的组织网络或共同体，成为社会机体生生不息的细胞。中国人的生命活动，主要是在"家"的范围内展开的。个人以"家"为依托，在家庭成员中获得无条件地支持，同时也在"家"中获得了生命活动的价值和意义。"家族就像一个个无形的人为堡垒，也是每个人最安全的避风港。"[2]

所以，在中国人的生活观念中，对家族的倚重是理所当然的。个人不能离开家庭或家族，人生的幸福首先应当在家里找到，而"无家可归"则一直被认为是人生的最大不幸。对家的依赖也就决定了个人对家的义务。以家族为本位亦即以义务为本位。

实际上，中国人对于家庭总有一种近乎神圣的义务感。个人似乎不是为自己而存在，而仿佛是为家庭、为家族而存在。这种义务感也就是人生的精神支柱。个人没有自己的特殊利益，有的只是家族的整体利益。一个人所为之努力奋斗的，并不是一己的事，而是为了老少全家，乃至为了先人为了后代。个人的成功并不仅仅是个人的事，而是全家的成功。因此，"中国人在成名和致富的时候，首先想到的是向周围的人炫耀，和有关的人，例如父母、孩子、配偶、远亲、朋友、邻里或更广泛的同乡来分享他的成功。他的光荣也就是他们的光荣，反过来，他也由于这种炫耀而更加满足。"[3] 另一方面，

---

[1] 卢作孚：《中国的建设问题与人的训练》，引自梁漱溟：《中国文化要义》，学林出版社1987年版，第12—13页。

[2] 韦政通：《儒家与现代中国》，上海人民出版社1990年版，第72页。

[3] 许烺光：《美国人与中国人——两种生活方式比较》，华夏出版社1989年版，第159页。

当人失意或身处逆境而厌倦人生时，总是在对家庭的义务感里面重新取得活力而又奋勉下去。例如在家贫业薄寡母孤儿的境遇，人们往往更自觉于他们对祖宗责任的重大。而不能够很好地执行对家庭的义务，不能对家族的兴盛有所贡献的人，则被斥之为"败家子""不肖子孙""有辱门风"，他自己也会因失去家族的信任和支持而"无颜见家乡父老"，觉得对不起"列祖列宗"。

这样，整个人生的意义和价值都是在"家"的范围内规定的。人生的要旨就在于对"家"的义务。而所谓"义务"，就是自觉意识到的道德责任。应当说，中国人对于家族的道德责任是相当自觉的。在中华传统文化中，家族制度受到特别强调，所谓"家为邦本，本固邦宁"，仰"国"的存在，也寄托于"家"的基础之上。家族观念是中国人最基本的生活观念和立身处世的出发点，家族观念无时无刻不在中国人的生命活动中发挥作用。

林语堂先生说，"家"是中国人文主义的象征。家族制度是中国传统社会的根基，家族本位，家族中心主义是中国人最根本的生活观念。中国人以家为本位、为中心展开其生命活动。他还说：中国的家庭制度"给我们的孩子们上的第一课就是人与人之间的社会责任，相互调整的必要，自制、谦恭，明确的义务感，对父母感恩图报和对师长谦逊尊敬。这种制度几乎取代了宗教的地位，给人一种社会生存与家族延续的感觉，从而满足人们永生不灭的愿望。通过对祖先的崇拜，这种制度使得人们永生的愿望看起来是那么切实，那么生动。"[1]

直到今天，家依旧是维系所有中国人的地方。中国人一生受到家庭教育、家庭文化的影响，对中国人的成长影响巨大，每个人的成长都离不开家的影子。家是中国人的精神信仰，是中国人内心最深处的根。

---

[1] 林语堂：《中国人》，学林出版社1994年版，第181页。

五　家和万事兴

在中国传统社会中，家庭在功能、结构、规模等方面都有一些显著的特征。其中最重要或最根本的是父系家长制度。中国传统家庭模式是在父系氏族公社时期孕育和演化形成的。这种家庭模式强调的是父系传承和父家长的绝对权威。父家长是"一家之主"，对外是整个家庭的代表，对内是生产经营活动的组织领导者和一切家庭事务的管理者。这种父权是无所不包的和至高无上的，其统治的形式是独裁的和专制主义的，任何家庭成员都必须无条件地服从。个人没有独立的意愿和意志，没有自己选择生活方式的自由，对家长的顺从与服从，是作为家庭成员的最基本的义务。

在中国人的生活观念中，家长是要为子女"作主"的，即对子女有主宰、支配、控制的权利。家长不仅有权决定子女的教育、婚姻、职业，而且有权决定子女的思想观念和行为方式。子女要以父家长的意志意愿为自己的意志意愿，即《论语·劝学篇》所谓"父在观其志，父没观其行，三年无改父之道，可谓孝矣。"

所以，中国人特别重视"长幼有序"。人不是生而平等的，而是始终处在家族的严密的等级身份关系中。中国人的亲属称谓最为复杂，每一种称谓就是一种身份关系。这种身份是人生来就已经确定了的，人必须时刻自觉于自己的身份和身份关系，恪守自己在等级结构中的位置，在人际交往中首先要明确双方的身份关系。否则便是"目无尊长""没大没小""忤逆不孝"。

家庭伦理是中国人的基本伦理观念。这在儒家典籍中有充分的论述。儒家伦理首先是论述家庭伦理。古代有所谓"五伦"，也就是《中庸》里说的"五达道"：君臣、父子、夫妇、昆弟、朋友。其中三项：父子、夫妇、昆弟都属于家庭。父母子女之间的关系又是家庭的基础，如果父子之间不能够做到

南宋《耕织图轴》（局部）

"孝"，夫妇、昆弟的关系也不容易相处得好。把家庭这三种关系推到外面，才有朋友之间的交往；再进一步推到社会上，才有君臣之间的关系。

家庭的成员要扮演好各个角色，父子有亲，夫妇有别，长幼有序。"父慈子孝、兄爱弟敬、夫和妻柔、姑慈妇听"。家庭和谐，始于孝悌。家文化就是在家庭内部人与人之间所形成的仁爱文化：纵向是父慈子孝、横向是兄友弟恭、核心是夫敬妻柔。如果自己没有履行应有的伦理规范，则其他家庭成员也不会遵守。父亲做不到慈爱，儿子也就做不到孝顺；兄长做不到友爱，弟弟也就不见得对哥哥恭敬；丈夫做不到义，妻子也就不会顺从。所谓"父不慈则子不孝，兄不友则弟不恭，夫不义则妇不顺"。

《论语》说，子女如果发现父母的过错，要温和地劝导，他们若不听从，仍当恭敬，不可冒犯。父母发现子女有错，也要分场合批评，《呻吟语》中提出了"七不责"：对众不责，愧悔不责，暮夜不责，正饮食不责，正欢庆不责，正悲忧不责，疾病不责。无论是子女劝导父母还是父母批评子女，都要照顾好对方的情绪，心平气和地对话。

"家和万事兴"。在多数中国人的眼中，居家过日子就是生活的全部内容，人生的价值和意义也都体现在过日子、过光景之中。孔子问他的学生们有什么志向。其中一位叫曾点的回答说，暮春三月时，春天的衣服早就穿上了，我陪同家里五六个大人，六七个小孩子，到沂水边洗洗澡，在舞雩台上吹吹风，然后一路唱着歌回家。孔子听完他的话，喟然而叹曰："吾与点也"，我欣赏曾点的志向啊！

孟子对"小康社会"的憧憬就是一幅温馨的家庭生活图景：一家8口人，5亩大的房屋院落，围绕院落栽满桑树，100亩田地，50岁能穿上帛，70岁能吃上肉，全家温饱有余，劳作有时。林语堂也说，人生幸福，无非四件事：一是睡在自家床上；二是吃父母做的饭菜；三是听爱人讲情话；四是跟孩子做游戏。

这是普通中国人的生活理想。这个人生理想是实实在在的，而且都是在家实现的，也是为了家实现的。

六　孝行天下

中国人的家庭伦理，最讲究"孝"。"孝"是"百行之冠，众善之始"，是家族中心主义的灵魂和基本命题。"不孝"是中国人最大的罪名，"孝子"是最高的道德典范。现代儒家学者韦政通指出："如果把中国文化放入世界各系文化中作一比较，最能代表中国文化特色的，不是践仁，而是教孝。故

《孝经图卷》（局部）

孝不仅为仁之本，且是中国文化的根本所在。"[1]

《论语·学而》说，如果一个人既孝敬自己的父母，又尊爱自己的兄长，他才能把这种爱推及别人，才能对外人也如对自己的父母兄弟一样，温和宽容敬爱。孝敬父母，尊爱兄长，就是仁的根本。"孝悌"是履行"仁"的根本，也就是说仁的根本是孝悌。仁爱之心最根本的是要孝悌，即对长辈要有孝顺之心，对小辈要有慈爱之心。然后由对家人的仁爱逐渐推广到对亲戚朋友的仁爱，再推广到对天下人、对万物的仁爱。

孝出于人的天性。庄子说："子之爱亲，命也，不可解于心。"亲子亲爱的情感是孝的基础，孝是子女对父母的爱的反馈。子女爱慕父母，这是命中注定的，是不能解除的。孝顺出于人性，是一个人立身处世最基本的品德。

[1] 韦政通：《儒家与现代中国》，上海人民出版社1990年版，第44页。

薪火相传 ——儒家文化传承的制度安排

不管是什么样的关系，家庭是每个人成长的必经之路，是一切人生关系的基础。一个人一定是从家庭出发，再到社会、国家，到为天下人去努力奋斗，在历史上留下功业和名声。你说你要报效国家，想在历史上留得好的名声，但是如果你在家里面都不能够对父母孝顺的话，其他一切都是空谈。有一次有人劝孔子做官，孔子说："书云：'孝乎惟孝，友于兄弟，施于有政。'是亦为政，奚其为为政？"最重要的是孝顺父母，友爱兄弟，再推广到政治上去。这就是参与政治了，不然，如何才算参与政治呢？

《诗经》上说，父母亲生我养我，太辛劳了。没有父亲，有谁可以依赖呢？没有母亲，有谁可以依靠呢？出了门就感到哀伤，回家也看不到父母亲。父母生了我、怀抱我、照顾我、养育我，对我们的恩情真是无话可说。父母老了，如果我们不能孝顺他们，尊敬他们，又如何心安呢？况且，当我们壮年时，也应该想到自己年老时也会有被小孩照顾的一天，那时候子女如果对我们态度不敬，我们的心里又会作何感想呢？

孔子说："父母之年，不可不知也。一则以喜，一则以惧。"父母亲的年纪，做子女的不能不记得；一方面为了他们得享高寿而欢喜，另一方面也为他们日渐老迈而忧虑。根据司马迁的说法，孔子3岁父亲过世，17岁母亲过世，他根本没有机会感受到父母年老时做子女的心情，但却说出如此贴切子女之心的话。人的生命总是有限的，看到父母年纪越来越大，做子女的会越来越担心，这是人之常情。

孔子的学生子路出身贫寒，是个孝子，"二十四孝"中第一个就是子路幼年"百里负米"的故事。做大官以后，锦衣玉食时仍然不忘逝去的双亲，孔子称赞他"生事尽力，死事尽思"。子路对孔子说：背着重物去远方，不会选择休息的地方，在家境贫寒、父母年迈的情况下，个人却选择不去谋取官职以获取俸禄来供养父母。我从前侍奉父母时，吃灰菜，要到百里之外去背米。双亲去世后，我南来楚国做官，跟随的车马百辆，家里的粮食万石，

《女孝经图》（局部）

累茵而坐，列鼎而食，但现在我想吃灰菜、为父母背米，却再也不可能了；挂在绳上的干鱼，凭什么不被虫子蛀蚀，双亲的寿命，匆匆而过；花草树木想要生长，却没有雨露；贤孝的人想俸养，双亲却已经不在。所以说：在家境贫寒、父母年迈的情况下，个人却选择不去谋取官职以获取俸禄来供养父母。

只尽赡养义务不能算君子之孝，君子之孝主要是对父母的尊敬。子游向孔子请教什么是孝。孔子说："现在所谓的孝，是指能够奉养父母。就连狗与马，也都能服侍人。如果少了尊敬，又要怎样分辨这两者呢？"如果子女奉养父母就像犬马服侍人一样，只是完成任务，而没有尊敬之心，那跟犬马又有什么差别呢？子夏请教什么是孝。孔子说："子女保持和悦的脸色是最难的。有事要办时，年轻人代劳；有酒菜食物时，让年长的人吃喝；这样就可以算是孝顺了吗？"孝顺出于子女爱父母之心，这种爱心自然表现为和悦的神情与脸色。孝包含养但不等于养，只有同时对父母抱有敬重之情，才是应该具备的孝。你光能满足父母的生活需求是不够的，还要从心底里尊敬父母，理解父母；看父母快不快乐，想自己如何才能让父母快乐。

有一个曾参的故事。曾参的父亲，就是前面提到的曾点，他年纪大了，曾参伺候父亲每顿饭都有酒有菜。用完餐之后，他问父亲，剩下的饭菜要给谁？父亲说，这次给隔壁的张家吧。曾参尊重父亲的想法，让父亲有安排剩饭菜的自由，让他感觉到自己虽然年纪大了，但还是有能力帮助更穷困的人，这说明曾参很孝顺。等到曾参自己老了以后，他儿子奉养他就不一样了。每顿饭也是有酒有菜，但是吃完之后，不再问他该把剩下的饭菜怎么处理。他问，还有剩的吗？儿子说，没有了。为什么？嫌麻烦。但是孝与不孝的差别就在这里。曾参侍奉父亲时，让父亲照顾穷人的愿望得以实现，曾参的儿子奉养他时，就忽略了这一点。

父母也会犯错。父母犯错时，子女应该怎么办？《论语·里仁》说："事父母几谏，见志不从，又敬不违，劳而不怨。"服侍父母时，发现父母有什么过错，要委婉劝阻；看到自己的心意没有被接受，仍然要恭敬地不触犯他们，内心忧愁但是不去抱怨。父母犯了大的过失，子女若不去抱怨，不去劝阻，则表示关系更加疏远，那是子女不孝；父母有了微小的过失，子女若执意批评，斤斤计较，也是不孝。

《孝经》是中国古代儒家以孝为核心的伦理学著作。该书以孝为中心，肯定"孝"是上天所定的规范，"夫孝，天之经也，地之义也，人之行也。"指出，孝是诸德之本，"人之行，莫大于孝"，国君可以用孝治理国家，臣民能够用孝立身理家，保持爵禄。《孝经》将孝亲与忠君联系起来，认为"忠"是"孝"的发展和扩大，"孝悌之至"就能够"通于神明，光于四海，无所不通"。

七　人之根：家族、祠堂与族谱

中国人的"家"，不仅是指家庭，还指家族，就是具有血缘关系的人组成一个社会群体，包括同一血统的几辈人或几十代人。在古代农村，大家族聚居，一个村落生活着一个家族或者几个家族，形成一个规模比较大的族群。这是一种社会联系的纽带。家族有族长，有族规，可以看作是古代社会的一种民间自治组织。

家族的核心意识是"认祖归宗"，即尊崇和敬奉共同的祖先。祠堂是祭祀祖先或先贤的场所。"祠堂"这个名称最早出现于汉代，当时祠堂均建于墓所，称墓祠。南宋朱熹《家礼》立祠堂之制，从此称家庙为祠堂。

祠堂除了用来供奉和祭祀祖先，还有多种用处。祠堂也可以作为家族的社交场所，族亲们有时为了商议族内的重要事务，在祠堂会聚。祠堂也是族长行使族权的地方，凡族人违反族规，则在这里被教育和受到处理，直至驱逐出宗祠。有的宗祠附设学校，族人子弟就在这里上学。各房子孙平时有办理婚、丧、寿、喜等事时，便利用这些宽广的祠堂以作为活动场所。

祠堂建筑一般都比民宅规模大、质量好，越有权势和财势的大家族，他们的祠堂往往越讲究，高大的厅堂、精致的雕饰、上等的用材，成为这个家族光宗耀祖的一种象征。

族谱，又称宗谱、家谱，是一种以表谱形式，记载一个家族的世系繁衍及重要人物事迹的特殊文献。族谱名称繁多，大致有宗谱、世谱、家乘、祖谱、谱牒、宗谱、会通谱、统宗谱、支谱、房谱等。皇帝的家谱称玉牒，如新朝玉牒、皇宋玉牒。如今，家谱同各姓氏的郡望、堂号一样，可作为数典认祖，研究历史、地理、社会、民俗等参考资料。

家族是我们的根，族谱就是寻根的指南。

族谱是记载某个姓氏家族子孙世系传承之书，以记载父系家族世系、人物为中心，具有区分家族成员血缘关系亲疏远近的作用。族谱以文字形式按辈分排列血缘宗族的人际关系，是中华先民血缘相亲、守望相助的实录。族谱记录着该家族的源流和繁衍生息，包括家族的来源、迁徙的轨迹，还包罗了该家族生息、繁衍、婚姻、文化、族规、家约等历史文化的全过程。编纂族谱的目的主要是说世系、序长幼、辨亲疏、尊祖敬宗、睦族收族，提倡亲亲之道。宋代理学家张载说："没有家谱，人不知来处，无百年之家，骨肉无统，虽至亲恩亦薄。"

中国的族谱文化起始于汉代，出现《周官》《世本》等谱学通书，继而又出现了《帝王年谱》《潜夫论·志氏姓》《风俗通.姓氏篇》等谱学著作。司马迁曾说："百事不泯，有益于史乘者，谱也。""族人无谱，则昭穆混淆，人不知祖，则姓紊乱，与禽兽何异焉！"到魏晋南北朝时，门阀制度盛行，家谱成了世族间婚姻和仕宦的主要依据，于是便迅速发展起来。政府也参与其事，官府组织编修谱牒。隋唐五代后，修谱之风更从官方流行于民间，以至遍及各个家族，出现了家家有谱牒、户户有家乘，并且一修再修、无休无止。每次修谱，也就成了同姓同族人之间的大事。

明清时期修撰族谱达到最盛，纂修族谱成为家族生活的头等大事。曾国藩说："家谱三十年不修，为不孝也"。明清时期的族谱的规模越修越大，出现了"会千万人于一家，统千百世于一人"的统谱，一部统谱往往汇集了十几个省上百个支派的世系，蔚为壮观。明清族谱大多采用"大宗之法"，追溯世系动辄几十世，往往将历史上的本姓将相名人都涵盖其中。

家谱是中华民族的三大文献（国史，地志，家谱）之一，属珍贵的人文资料，对于历史学、民俗学、人口学、社会学和经济学的深入研究，均有其不可替代的独特功能。

八　家训

家庭、家族的本质在于传承，在于"薪火相传"。古人说："道德传家，十代以上；耕读传家次之；诗书传家又次之；富贵传家，不过三代。"也就是说，从家庭和家族的延续来看，道德能够传承十代以上，其次是耕读和诗书，而富贵传承不过三代而已。为了后世福泽和家族传承，人们特别注重对后代的道德教化，注重对子孙后代品德的培养和砥砺。中国古代社会是以家族为核心的宗法社会，家族在传统文化传承中占据重要地位，"家学"是中华传统文化传承的主要形式之一，"家训"则是家庭教育的重要文本。在历史上，出现了许多内容丰富的"家训"读本，著名的有《颜氏家训》《朱子家训》《曾国藩家书》等，在家谱中记录治家教子的名言警句，成为人们倾心企慕的治家良策，成为"修身""齐家"的典范。

魏晋南北朝时期，各大世家大族都十分重视门第家族的教育，出现了不少家训、诫子之书，是世家大族进行门第教育的基本读本，也是文化传承的家族读本。在这一时期的家训类读本中，最有代表性的是颜之推（530—591）所作《颜氏家训》。

颜之推（530—591年）是琅琊临沂人。琅琊颜氏是魏晋南北朝高门士族，其九世祖颜含，生活于两晋，以孝而闻名于世，被东海王司马越辟以为太傅参军。东晋初，颜含仕宦显达，位至国子祭酒、散骑常侍、光禄勋。其祖父颜见远生活于齐梁之际，仕齐官至御史中丞。颜之推的父亲颜协一生则游于诸王蕃府，为梁湘东王萧绎镇西府咨议参军。颜之推一生仕宦颇为坎坷，出仕为湘东王国左常侍，镇西墨曹参军。侯景之乱时被囚送建业，复为萧绎散骑侍郎、奏舍人事。北周破江陵后，全家被掳，北周大将军李显庆推荐他去掌其兄阳平公李远书翰，颜之推不愿前往，携全家逃奔北齐，在北齐任职，官至黄门侍郎、御史上士。隋开皇中，被太子召为学生并终于此职。

薪火相传——儒家文化传承的制度安排

琅琊颜氏是魏晋南北朝没有习染玄风而保持传统经学的少数高门之一。这个家族"世善《周官》《左氏》",是一个从学术到政治、社会行为都履行儒家传统的家族。颜之推继承了家族这一传统,习《礼》《传》,博览群书,词情典丽,在传统经学上有着深厚的造诣。颜之推一生著述颇多,有《文集》30卷。他的名作为《颜氏家训》,共20篇,集中反映了他的教育思想。

作为传统文化的典范教材,《颜氏家训》直接开后世"家训"的先河,被誉为"古今家训之祖",视之为垂训子孙以及家庭教育的典范。《颜氏家训》各篇内容涉及的范围相当广泛,但主要是以传统儒家思想教育子弟,讲如何修身、治家、处世、为学等,其中不少见解至今仍有借鉴意义。如他提倡学习,反对不学无术;认为学习应以读书为主,又要注意工农商贾等方面的知识;主张"学贵能行",反对空谈高论,不务实际等。他鄙视和讽刺南朝士族的腐化无能,认为那些贵游子弟大多没有学术,只会讲求衣履服饰,一旦遭了乱离,除转死沟壑,别无他路可走。对于北朝士族的觍颜媚敌,他也深表不满。

颜之推把读书做人作为家训的核心。他把圣贤之书的主旨归纳为"诚孝、慎言、检迹"六字;认为读书问学的目的,是为了"开心明目,利于行耳""若能常保数百卷书,千载终不为小人也"。他认为无论年龄大小,都应该读书学习,"幼而学者,如日出之光;老而学者,如秉烛夜行,犹贤乎瞑目而无见者也"。他还说:"圣贤之书,教人诚孝","吾每读圣人之书,未尝不肃敬对之。其故纸有五经词义及贤达姓名,不敢秽用也"。

颜之推的教育基本思想以儒学为核心。他说"古之学者为人,行道以利世今;今之学者为己,修身以求进也。"因此颜之推把"忠""礼""孝"放到教育的重要位置上。依照儒家的道德规范来培养人才,是颜之推教育思想的基本目的之一,也就是他"德艺周厚"人才标准中的"德"。他要求子女"慕贤",将大贤大德之人作为自己的人生偶像,并且"心醉魂迷"地向慕与仿效他们，在他们的影响下成长。颜之推还提出要教育子女有远大志向，要勤奋努力。唯有远大志向，才能经得起磨难，成大器，而"无履立者，自兹堕慢，便为凡人。"人的学习犹如春华秋实，"讲论文章，春华也，修身利行，秋实也"，只有经过艰苦的劳动，才能有收获。他主张持家要"去奢""行俭""不吝"。在婚姻问题上，做到"勿贪势家"，反对"贪荣求利"。务实求真，不求虚名，摒弃"不修身而求令名于世"的行为，"名之与实，犹形之与影也。德艺周厚，则名必善焉"。杜绝迷信，绝对不谈"巫觋祷请"之事，"勿为妖妄之费"。

颜之推还强调环境对人的成长的重要性，强调幼年教育对人一生的重大影响，强调个人立志发奋是人成才的重要因素。颜之推确立了家庭教育的各项准则，认为家庭教育应及早进行，甚至从胎教开始。儿童刚能分辨外界事物的时候，就要加以诱导。认为"人生小幼，精神专利，长成已后，思虑散逸，固须早教，勿失机也。"所谓"专利"，即指精神专一，不像成人那样诸事烦扰，心难宁静。人在幼年时期，童心未泯，天性纯真，可塑性极大，对新事物也特别容易接受，这一时期，不仅是教育的最佳时期，而且可为一生事业奠定良好基础。

家庭教育的关键是父母，因此父母的行为和教育方法对子女的成长影响很大。父母必须把爱子和教子结合起来，"父母威严而有慈，则子女畏慎而生孝矣。"切忌"无教而有爱"，如果"饮食运为，恣其所欲，宜诫翻奖，应诃反笑，至有识知，谓法当尔。骄慢已习，方复制之，捶挞至死而无威，忿怒日隆而增怨，逮于成长，终为败德。"这样放纵孩子，恣其所为，终究是害了孩子。因此必须从小树立孩子的是非观，该严则严，要爱得其所，爱得有方。他还说："人之爱子，罕亦能均，自古及今，此弊多矣。贤俊者可赏爱，顽鲁者亦当矜怜。有偏宠者，虽欲以厚之，更所以祸之。"贤俊的孩子固然让人疼爱，但顽皮愚笨的孩子也应得到一份怜惜，偏爱孩子不是有益于他，而是害了他。

为了教育好孩子，训督乃至体罚是需要的。父母对孩子要有威严，"使为则为，使止则止。"颜之推把严教和治病相比，他说："当以疾病为愈，安得不用汤药针艾救之哉？又宜思勤督训者，可愿苛虐骨肉乎？诚不得已也！"

颜之推认为环境对家庭教育也有影响。颜之推说："人在年少，神情未定，所与款狎，熏渍陶染，言笑举动，无心于学，潜移暗化，自然似之；何况操履艺能，较明易习者也？是以与善人居，如入芝兰之室，久而自芳也；与恶人居，如入鲍鱼之肆，久而自臭。"此外是长辈的风范，家长要成为子女的楷模："夫风化者，自上而行下者也，自先而行后者也。是以父不慈则子不孝，兄不友则弟不恭，夫不义则妇不顺矣。"要在践行"箕帚匕箸，咳唾唯诺，执烛沃盥"等细小的生活礼仪中树立"士大夫风操"。长辈的言行举止可以直接影响到晚辈，良好的家庭和社会环境有利于人的成长。

纵观历史，颜氏子孙在操守与才学方面都有惊世表现。仅以唐朝而言，像注解《汉书》的颜师古，书法为世楷模的颜真卿，凛然大节、以身殉国的颜杲卿等人，都令人对颜家有不同凡响的深刻印象，足证其祖所立家训之效用彰著。

中国古代社会是以家族为核心的宗法社会，家族在传统文化传承中占据重要地位，"家学"是中华传统文化传承的主要形式之一。"家训"则是家庭教育的重要文本。《颜氏家训》对后世影响很大。历代学者对该书推崇备至，称它"篇篇药石，言言龟鉴，凡为子弟者，可家置一册，奉为明训，不独颜氏"。

在中国历史上另一部著名的家训是明末清初理学家、教育家朱柏庐（1627—1698）所作的《朱子家训》。《朱子家训》以"修身""齐家"为宗旨，集儒家做人处世方法之大成，思想植根深厚，含义博大精深，通篇意在劝人要勤俭持家安分守己。《朱子家训》成为有清一代家喻户晓、脍炙人口的教子治家的经典家训。

九　蒙学

人生是从家庭起步的，家庭承担着最初的教育责任。中国古代的蒙养教育，是指连接于小学与学前幼童之间的一种启蒙教育形式，相当于普通小学教育的初级阶段，但比一般小学教育的含义更为广泛，也包括一般幼童在入学之前和学校之外，通过各种形式所受到的启蒙教育，是特指在乡校、家庭和社会教育中经过一定的组织过程，利用特定的方法和手段进行的文化、道德启蒙教育。中国教育的根本思想，也通过蒙学教育的形式，贯彻到儿童教育当中，使儿童从幼年起就受到儒家思想文化的熏陶。

汉代启蒙教育阶段的私学已经有了比较稳定的通用教材，教学内容和要求趋向统一。中国很早就有识字、习字教材，通称字书。学童学完字书后，接着进入初读一般经书阶段。主要学习《孝经》《论语》，有的还学《尚书》或《诗经》，个别有学《春秋》的，但《孝经》《论语》为必读。这个阶段既是为了巩固识字、习字的成果，又是进入更高学习阶段的准备和过渡，也是进一步深化品德教育的需要。在识字、习字教育完成后，诵读《论语》《孝经》等一般经书已成为一个相对独立的教育阶段，出现了专门教授一般经书的私学和比较固定的教师。这个阶段的教学要求是对经书粗知文意或"略通大义"，不要求有精深的理解，所以主要方式是"诵读"。

中国古代学者十分重视蒙学教材的建设。蒙学教材注重博学和道德启蒙的两大特色。中国古代蒙养教材在后世流传最广，影响最大的，是南朝周兴嗣编纂《千字文》，相传宋代王应麟编写的《三字经》和佚名作者所撰的《百家姓》。号称中国"三大蒙学读本"。

《千字文》是由一千个汉字组成的韵文。全文为四字句，对仗工整，条

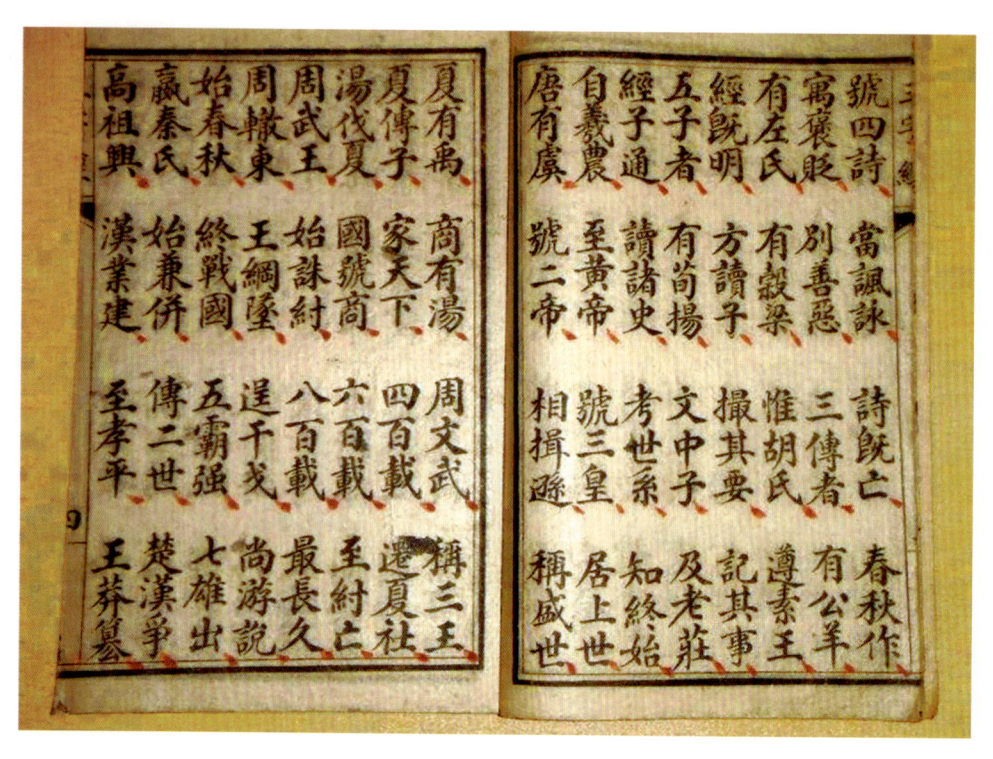

薪火相传 ——儒家文化传承的制度安排

浙绍大同书局石印《三字经》

理清晰,是中国影响很大的儿童启蒙读物。《千字文》第一部分从天地开辟讲起。有了天地,就有了日月、星辰、云雨、霜雾和四时寒暑的变化;也就有了孕生于大地的金玉、铁器(剑)、珍宝、果品、菜蔬以及江河湖海、飞鸟游鱼;天地之间也就出现了人和时代的变迁。第二部分重在讲述人的修养标准和原则,也就是修身功夫。指出人要孝亲,珍惜父母传给的身体,"恭惟鞠养,岂敢毁伤",做人要"知过必改",讲信用,保持纯真本色,树立良好的形象和信誉。对忠、孝和人的言谈举止、交友、保真等方面进行了深入的阐述。第三部分重在叙述上层社会的豪华生活和他们的文治武功,描述了国家疆域的广阔和风景的秀美。第四部分主要描述恬淡的田园生活,赞美了那些甘于寂寞、不为名利羁绊的人们,对民间温馨的人情向往之至。

《千字文》在内容上熔各种知识于一炉,并通篇贯穿以统一的思想,脉络清晰，语言洗练。明代文学家王世贞称此书为"绝妙文章"。清代褚人获赞其"局于有限之字而能条理贯穿，毫无舛错，如舞霓裳于寸木，抽长绪于乱丝"。

《三字经》是一部进行博物性知识教育的蒙学书籍，采用三言韵语的方式，内容涉及古代历史、典故、名言、人物等方面的知识，上述历朝兴废，下至宋代史实，后由明清人补续了辽金以下的部分。该书编次顺序或按知识门类，或按时序；先举方名事类，次及经史诸子，不相杂厕。虽字有重复，辞无藻采，但有关名人的知识容量，过之数倍，且行文句式更为简洁明了，易读易记。所谓"熟读《三字经》，可知千古事"。

《三字经》的内容分为六个部分，每一部分有一个中心。从"人之初，性本善"到"人不学，不知义"，讲述的是教育和学习对儿童成长的重要性，后天教育及时，方法正确，可以使儿童成为有用之才。从"为人子，方少时"至"首孝悌，次见闻"，强调儿童要懂礼仪要孝敬父母、尊敬兄长，并举了黄香和孔融的例子。从"知某数，识某文"到"此十义，人所同"，介绍的是生活中的一些名物常识，有数字、三才、三光、三纲、四时、四方、五行、五常、六谷、六畜、七情、八音、九族、十义等方方面面。从"凡训蒙，须讲究"到"文中子，及老庄"，介绍中国古代的重要典籍和儿童读书的程序，这部分列举的书籍有四书、六经、三易、四诗、三传、五子，基本包括了儒家的典籍和部分先秦诸子的著作。从"经子通，读诸史"到"通古今，若亲目"，讲述的是从三皇至清代的朝代变革。从"口而诵，心而维"至"戒之哉，宜勉力"强调学习要勤奋刻苦、孜孜不倦，只有从小打下良好的学习基础，长大才能有所作为，"上致君，下泽民"。

《三字经》的核心思想体现了仁、义、诚、敬、孝的儒家观念。作者认为教育儿童要重在礼仪孝悌，端正孩子们的思想，知识的传授则在其次，即"首孝悌，次见闻"。训导儿童要先从小学入手，即先识字，然后读经、

薪火相传——儒家文化传承的制度安排

子两类的典籍。经部子部书读过后,再学习史书,书中说:"经子通,读诸史"。

《百家姓》是一部典型的启蒙识字教材。它集古今姓氏为四言韵语,因"尊国姓",而以"赵"字为首。内容虽无义理可言,但字韵舒畅,便于诵读,且篇幅简短,切于实用,因而深受民间乡塾和家庭的欢迎,成为宋代以后流传最广、几乎家喻户晓的蒙养教材。

类似《三字经》《百家姓》之类的蒙学读本,内容丰富,深入浅出,通俗易懂,容易被儿童理解,对于没有机会或资格上学的贫家子弟,也可以通过邻居或长辈的帮助,从小诵习这些读本,从中获得一些粗浅的历史文化知识和社会、伦理常识。